GRAMÁTICA ACTIVA 1

Olga Mata Coimbra   Isabel Coimbra

EDIÇÃO REVISTA

Lidel – edições técnicas, lda

LISBOA — PORTO

e-mail: lidel@lidel.pt

http://www.lidel.pt (Lidel on-line)

(site seguro certificado pela Thawte)

Da mesma editora:

- PORTUGUÊS XXI
  Curso de Português Língua Estrangeira estruturado em 3 níveis: iniciação, elementar e intermédio.
  Componentes: Livro do Aluno + CD, Caderno de Exercícios e Livro do Professor.
- CONHECER PORTUGAL E FALAR PORTUGUÊS
  CD-ROM para auto-aprendizagem do Português como Língua Estrangeira através de cenas animadas e de imagens de algumas regiões de Portugal. Tradução em 4 línguas: Alemão, Espanhol, Francês e Inglês.
- GRAMÁTICA INTERACTIVA
  CD-ROM com mais de 100 exercícios interactivos para revisão e consolidação do português, bem como treino intensivo da capacidade de compreensão oral e escrita.
- PRATICAR PORTUGUÊS
  Actividades linguísticas variadas, destinadas a alunos de Português Língua Estrangeira de nível elementar e/ou intermédio.
- COMUNICAR EM PORTUGUÊS
  Livro de exercícios para o desenvolvimento da comunicação oral. Existe CD-Áudio de acompanhamento com a gravação de todos os textos.
- OLÁ! COMO ESTÁS?
  Curso Intensivo de Português Língua Estrangeira destinado a adultos ou jovens adultos.
  Componentes: Livro de Textos, Livro de Actividades (que contêm um Caderno de Vocabulário) e um CD-Áudio duplo.
- VAMOS LÁ COMEÇAR
  Explicações e Exercícios de gramática e vocabulário em 2 volumes (nível elementar).
- NAVEGAR EM PORTUGUÊS
  Método dirigido a alunos do ensino secundário constituído por 2 níveis.
  Componentes: Livro do Aluno, Caderno de Exercícios, Livro do Professor e CD-Áudio.
  Projecto Socrates da União Europeia.
- PORTUGUÊS SEM FRONTEIRAS (nova edição em preparação)
  Curso de Português Língua Estrangeira em 3 níveis.
- LUSOFONIA
  Curso Básico de Português Língua Estrangeira/ Curso Avançado de Português Língua Estrangeira.
  Componentes: Livro do Aluno, Caderno de Exercícios, Livro do Professor e Cassetes Áudio.
- QUAL É A DÚVIDA?
  Livro de exercícios destinado a alunos de nível intermédio, intermédio alto e avançado.
- GUIA PRÁTICO DOS VERBOS PORTUGUESES – 12.000 verbos
  Manual prático de conjugação verbal inclui verbos com preposições e particularidades de conjugação do verbo no Brasil.
- GUIA PRÁTICO DE VERBOS COM PREPOSIÇÕES
  Dicionário de verbos com preposições e os seus respectivos significados.
- LER PORTUGUÊS
  Colecção de histórias originais de leitura fácil e agradável, estruturadas em 3 níveis.

EDIÇÃO E DISTRIBUIÇÃO

Lidel – edições técnicas, lda

ESCRITÓRIO: Rua D. Estefânia, 183, r/c Dto., 1049-057 Lisboa
Internet: 21 354 14 18 – livrarialx@lidel.pt
Revenda: 21 351 14 43 – revenda@lidel.pt
Formação/Marketing: 21 351 14 48 – formacao@lidel.pt/marketing@lidel.pt
Ensino Línguas/Exportação: 21 351 14 42 – depinternacional@lidel.pt
Fax: 21 357 78 27/21 352 26 84
Linha de Autores: 21 351 14 49 – edicoesple@lidel.pt
Fax: 21 352 26 84

LIVRARIAS: LISBOA: Av.ª Praia da Vitória, 14, 1000-247 – livrarialx@lidel.pt - Tel.: 21 354 14 18 – Fax: 21 317 32 59
PORTO: Rua Damião de Góis, 452, 4050-224 – delporto@lidel.pt - Tel.: 22 557 35 10 – Fax: 22 550 11 19

Copyright © Abril 2000
Edição Revista Março 2002
LIDEL — Edições Técnicas, Lda

Ilustrador: Carlos Cândido

Impressão e acabamento: Rolo & Filhos II, S.A. – Indústrias Gráficas

Depósito Legal n.º 229815/05
ISBN: 978-972-757-172-7

Índice

Introdução

A **Gramática Activa 1** destina-se ao ensino do **português como língua estrangeira** ou do **português língua segunda** e cobre as principais estruturas do **nível elementar**.

Sendo um livro com explicações e exercícios gramaticais, não está orientado para ser um curso de Português para Estrangeiros. É um livro que deve ser usado como material suplementar ao curso, na sala de aula ou em casa.

A **Gramática Activa 1** divide-se em 50 unidades, cada uma delas focando áreas específicas da gramática portuguesa, tais como tempos verbais, pronomes, artigos, adjectivos, preposições, etc. O livro não deverá ser trabalhado do princípio ao fim, seguindo a ordem numérica das unidades. Estas devem ser antes seleccionadas e trabalhadas de acordo com as dificuldades do(s) aluno(s).

Cada unidade compõe-se de 2 páginas, contendo a página da esquerda as explicações gramaticais e a página da direita os exercícios correspondentes à(s) estrutura(s) apresentada(s).

No fim do livro há ainda 3 apêndices — lista de verbos regulares e irregulares; plural dos substantivos e adjectivos e pronomes pessoais — bem como a chave dos exercícios.

Unidade 1 Presente do indicativo

verbo **ser**

Eu **sou** médico.
Eu **não sou** enfermeiro.

Ele **é** alto.
Ele **não é** baixo.

Nós **somos** portugueses.
Nós **não somos** brasileiros.

ser

afirmativa		negativa	
eu	**sou**	eu	não **sou**
tu	**és**	tu	não **és**
você ele ela	**é**	você ele ela	não **é**
nós	**somos**	nós	não **somos**
vocês eles elas	**são**	vocês eles elas	não **são**

— Vocês **são** portugueses?

— Eu **sou** português, mas ele **é** timorense.

— **Sou** professor e o meu irmão **é** engenheiro.

— Ela **é** casada.

— **És** de Lisboa?

— Não, **não sou** de Lisboa. **Sou** de Faro.

— O dicionário **é** do professor.

— Que horas **são**?

— **É** uma hora.

— A mesa **é** de madeira.

— Maputo **é** em Moçambique. **É** a capital
de Moçambique.

— Eu e a Joana **somos** boas amigas.

— O João **é** muito inteligente.

- nacionalidades

- profissões
- estado civil
- origem (de + substantivo)

- posse (de + substantivo)
- tempo cronológico (horas; dias da semana; datas)

- matéria (de + substantivo)

- situação geográfica (sujeito fixo)
- substantivo
- adjectivo

Unidade 1 — Exercícios

1.1. Complete com: sou / és / é / somos / são

1. ele *é*
2. nós *somos*
3. eu *sou*
4. vocês *são*
5. tu *és*
6. ela *é*
7. você *é*
8. eles *são*
9. eu e tu *somos*
10. tu e elas *são*

1.2. Complete com: sou / és / é / somos / são

1. A rosa *é* uma flor.
2. Eu *sou* portuguesa e o João *é* brasileiro.
3. A mala *é* muito pesada.
4. Estas malas *são* muito pesadas.
5. Tu e Ana *são* colegas.
6. Que dia *é* hoje?
7. Hoje *é* segunda-feira.
8. A minha avó *é* viúva.
9. Tu *és* bom aluno.
10. O Manuel e a mulher *são* advogados.
11. O copo *é* de vidro.
12. A senhora *é* do Porto?
13. Eu e o Pedro *somos* estudantes.
14. Lisboa *é* em Portugal.
15. Ela *é* uma rapariga simpática.

1.3. Faça frases completas com: sou / és / é / somos / são

1. (estes exercícios / muito fáceis) *Estes exercícios são muito fáceis.*
2. (o futebol / um desporto muito popular) o futebol é um desporto /sporte muito popular
3. (tu / não / espanhol) tu não és espanhol
4. (elas / boas alunas) elas são boas alunas
5. (esta casa / moderna) esta casa é moderna
6. (nós / secretárias) nós somos secretárias
7. (o teste / não / difícil) o teste não é difícil
8. (estes discos / da minha irmã) estes discos são da minha irmã
9. (a minha secretária / de madeira) a minha secretária é de madeira
10. (aquela camisola / não / cara) aquela camisola não é cara
11. (tu e o Miguel / amigos) tu e miguel são amigos
12. (eu / magro) eu sou magro
13. (a caneta / da Ana) a caneta é de Ana

1.4. Faça frases afirmativas ou negativas.

1. (Lisboa / a capital de Portugal) *Lisboa é a capital de Portugal.*
2. (eu / alemão) *Eu não sou alemão.*
3. (o cão / um animal selvagem) o cão não é um animal selvagem
4. (a gasolina / muito cara) a gasolina é muito cara
5. (o avião / um meio de transporte rápido) o avião é um meio de transporte rápido
6. (Portugal / um país grande) Portugal não é um país grande
7. (nós / estrangeiros) nós somos estrangeiros
8. (hoje / quarta-feira) hoje é quarta feira
9. (este prédio / muito alto) este prédio é muito alto
10. (os Alpes / na Ásia) Os alpes são na Ásia
11. (a minha camisola / de lã) a minha camisola é de lã
12. (vocês / economistas) vocês são economistas
13. (esta mala / pesada) esta mala é pesada
14. (tu e ele / amigos) tu e ele são amigos
15. (o rio Tejo / em Portugal) o rio tejo é em Portugal

Unidade 2 Presente do indicativo

verbo **estar**

Eu **estou** na escola.

Tu **estás** em casa.

Ela **está** contente.

Ele **está** triste.

Hoje **está** muito frio.

A sopa **está** quente.

Nós **estamos** com fome.

Eles **estão** com sono.

estar

eu	**estou**
tu	**estás**
você ele ela	**está**
nós	**estamos**
vocês eles elas	**estão**

— O dicionário **está** ali.
— Os meus amigos **estão** no estrangeiro.
— O Pedro não **está** em Lisboa.
— **Está** de férias no Algarve.
— O livro **está** em cima da mesa.

- advérbio de lugar
- em + local (sujeito móvel)

— **Está** muito calor lá fora.
— A sopa **está** quente.
— Este bolo não **está** muito bom.
— Hoje **estou** cansado.
— Eles **estão** sentados à mesa.
— A janela **está** aberta.

- tempo meteorológico
- adjectivo (característica temporária)

— **Estou** com sede, mas não **estou** com fome.
— Como **está**?
— **Estou** bem, obrigado.

- com + substantivo (= ter + substantivo)
- cumprimentar

Unidade 2   Exercícios

2.1. Complete com: **estou / estás / está / estamos / estão**

1. tu _estás_   3. ele _está_   5. ela _está_   7. eu _estou_   9. eles _estão_
2. você _está_   4. nós _estamos_   6. vocês _estão_   8. tu e ela _estão_   10. eu e ele _estamos_

2.2. Complete com: **estou / estás / está / estamos / estão**

1. O tempo _está_ muito bom.
2. Ela _está_ em casa, mas os filhos _estão_ na escola.
3. Como _está_ a senhora?
4. _Estou_ bem, obrigada.
5. Eu _estou_ com frio. Pode fechar a janela, por favor?
6. O dinheiro _está_ dentro da carteira
7. Os livros _estão_ na pasta.
8. Este bolo _está_ óptimo.
9. Eles _estão_ sentados à mesa.
10. Os meus sapatos _estão_ sujos.
11. O Sr. Matos _está_ no Porto.
12. As lojas _estão_ abertas ao sábado.
13. Ela _está_ muito cansada e _está_ com sono.
14. Eu e a Ana _estamos_ de férias.
15. O trabalho já _está_ pronto.

2.3. Faça frases completas com: **estou / estás / está / estamos / estão**

1. (o médico / no hospital) *O médico está no hospital.*
2. (hoje / muito calor) _hoje está muito calor_
3. (os meus amigos / na escola) _os meus amigos estão na escola_
4. (eu / na sala de aula) _eu estou na sala de aula_
5. (a sopa / não / muito quente) _a sopa não está muito quente_
6. (tu / cansado) _tu estás muito cansado_
7. (lá fora / muito frio) _lá fora está muito frio_
8. (o Pedro / deitado / porque / doente) _O Pedro está deitado porque está doente_
9. (o almoço / pronto) _o almoço está pronto_
10. (o cão / não / com fome) _O cão não está com fome_
11. (eu e a Ana / com sono) _eu e a Ana estamos com sono_
12. (a D. Graça / não / no escritório) _A D. Graça não está no escritório_
13. (ela / de férias) _ela está de férias_
14. (eles / à espera do autocarro) _eles estão a espera do ._
15. (vocês / não / em casa) _vocês não estão em casa_

9

Unidade 3   ser vs. estar

— Ele **é** de Lisboa, mas agora **está** no Porto.
— Luanda **é** em Angola. Nós **estamos** em Luanda.

— Os bolos desta pastelaria geralmente **são** óptimos, mas hoje não **estão** muito bons.

— **São** 10 horas da manhã e já **está** tanto calor!

---
ser e **estar**   seguidos de adjectivo
---

ser + adjectivo

— A água do mar **é** salgada.
— O limão **é** azedo.

• característica geral do sujeito que não necessita de ser experimentado para se poder afirmar ou negar essa característica.

estar + adjectivo

— A sopa **está** salgada.
— O leite não **está** bom, **está** azedo.

• característica do sujeito que teve de ser experimentado para se poder afirmar ou negar essa característica.

ser + adjectivo

— O vestido **é** novo.
— Ela **é** loura.
— Ele **é** inteligente.

• característica que não é resultado de uma acção.

estar + adjectivo

— O vestido **está** roto (porque alguém o rompeu).
— Hoje **estou** cansado (porque trabalhei muito).

• característica que resultou de uma acção.

Unidade 3 Exercícios

3.1. ser ou **estar**?

1. O quadro da sala _está_ limpo.
2. O pai _está_ em casa.
3. Os prédios _são_ altos.
4. O banco _está_ fechado.
5. Os meus primos _são_ do norte.
6. A caneta _está_ em cima da mesa.
7. O nosso professor _é_ muito simpático.
8. Eu _estou_ cansada.
9. O João _está_ doente.
10. Eles _estão_ no restaurante.
11. Ela não _está_ atrasada.
12. O Pedro _é_ um rapaz muito inteligente.
13. A sopa _é_ boa, mas _está_ fria.
14. A minha casa _é_ grande.
15. A Ana e o João _estão_ em Inglaterra.

3.2. ser ou **estar**?

1. (hoje nós / não / em casa à noite) _Hoje nós não estamos em casa à noite_
2. (eu / cansado) _eu estou cansado_
3. (a minha mulher / professora) _a minha mulher é professora_
4. (o João / com fome) _o João está com fome_
5. (tu / atrasado) _tu estás atrasado_
6. (esta sala / muito escura) _esta sala é muito escura_
7. (eu / não / com sede) _eu não estou com sede_
8. (ela / de Lisboa) _Ela é de Lisboa_
9. (de manhã / muito frio) _De manhã está muito frio._
10. (a Ana / no estrangeiro) _A Ana não está no estrangeiro_
11. (as canetas / em cima da mesa) _as canetas estão em cima da mesa_
12. (os bolos de chocolate / sempre / muito doces) _os bolos de chocolate sempre são muito doces_

3.3. ser e **estar**

1. (a janela / larga // fechada)
   A janela é larga.
   A janela está fechada.
2. (o quadro / muito interessante // na parede)
   o quadro é muito interessante
   está na parede
3. (as mesas / grandes // sujas) _são grandes_ / _estão sujas_
4. (o supermercado / grande // aberto) _é grande_ / _está aberto_
5. (o empregado / simpático // cansado) _é simpático_ / _está cansado_
6. (ele / inteligente // contente) _é inteligente_ / _está contente_

11

Unidade 4 estar a + infinitivo

Ela **está a ler**.
Ela não **está a comer**.

Está **a chover**.
Não **está a nevar**.

Eles **estão a trabalhar**.
Não **estão a conversar**.

Realização prolongada no presente
estar a + infinitivo

eu	**estou**	**a trabalhar**
tu	**estás**	**a estudar** português
você ele ela	**está**	**a tomar** um café
nós	**estamos**	**a conversar**
vocês eles elas	**estão**	**a ler** o jornal

▽

passado ← — — — — — — — — — — — **agora** — — — — — — — — — — — — → futuro

* usamos **estar a + infinitivo** para descrever uma acção que está a acontecer agora, neste momento.

— Podem desligar a televisão. Não **estamos a ver**.

— Chiu! As crianças **estão a dormir**.

— **Estou a estudar**. Não posso ir com vocês.

(ao telefone) — O João não pode atender agora. **Está a tomar** duche.

— A Ana **está a fazer** o almoço.

Unidade 4   Exercícios

4.1. Complete as seguintes frases com os verbos listados:

brincar	tomar	chover	compreender	ver
estudar	beber	fazer	ler	chegar

1. Falem mais baixo! Eles *estão a estudar.* _____
2. A Ana faz anos hoje. A mãe dela _____ um bolo.
3. (ao telefone) — Posso falar com o João, por favor?
   — Ele _____ duche. Não pode atender.
4. Podes desligar a televisão. Eu não _____.
5. Pode explicar outra vez? Nós não _____ o exercício.
6. Despachem-se! O comboio _____.
7. Onde está o Nuno?
   — Na cozinha. _____ água.
8. Posso levar o jornal?
   — Agora não. Eu _____ as notícias.
9. Onde estão as crianças?
   — _____ no jardim.
10. É melhor levar o guarda-chuva. _____.

4.2. O que é que está a acontecer neste momento? Faça frases verdadeiras.

1. (eu / estudar / português) *Eu estou a estudar português.* _____
2. (eu / fumar) *Eu não estou a fumar.* _____
3. (eu / ouvir música) _____
4. (hoje / chover) _____
5. (telefone / tocar) _____
6. (eu / ler o jornal) _____
7. (os meus colegas / fazer exercícios) _____
8. (eu / conversar) _____
9. (eu / tomar café) _____
10. (eu / comer uma banana) _____

4.3. O que é que eles estão a fazer?

1. apanhar sol

2. ver televisão

3. ler um livro

4. escrever uma carta

5. andar de bicicleta

6. atravessar a rua

Unidade 5 Presente do indicativo
verbos **regulares** em *-ar*

Ela **mora** em Lisboa.

Eles **jogam** ténis ao sábado.

Ele **toma** o pequeno-almoço às 8h.

falar

eu	fal**o**
tu	fal**as**
você ele ela	fal**a**
nós	fal**amos**
vocês eles elas	fal**am**

- Usamos o **presente do indicativo** para:

- **acções habituais**

    — Eu **levanto**-me sempre às 8 horas.
    — Normalmente **almoçamos** às 13h e **jantamos** às 20h30.
    — O Sr. Ramos **compra** o jornal todos os dias.

- **constatar um facto**

    — A terra **gira** à volta do sol.
    — A Ana **fala** inglês muito bem.
    — As crianças **gostam** muito de chocolate.
    — Em Lisboa as lojas **fecham** às 19h00.
    — Ele **trabalha** muito.

- **acções num futuro próximo**

    — **Telefono**-te amanhã.
    — **Fazemos** a festa no próximo fim-de-semana.

Unidade 5   Exercícios

5.1. Escreva os seguintes verbos na forma correcta:

1. falar / eu _falo_
2. morar / você _mora_
3. usar / tu _usas_
4. comprar / ele _coupra_
5. almoçar / nós _almça_
6. trabalhar / elas _trabalham_
7. pagar / vocês _pagam_
8. tomar / eles _toman_
9. ficar / ela _fica_

5.2. Complete as frases. Use a forma correcta dos seguintes verbos:

| levantar / fumar / ficar / ensinar / fechar / morar / gostar |
| começar / lavar / acabar / usar / jogar / apanhar |

1. Em Portugal os bancos _fecham_ às 15h00.
2. O João _toma_ 15 cigarros por dia.
3. Nós _moramos_ num pequeno apartamento.
4. Ela é professora e _ensina_ português às crianças da primária.
5. _gosto_ muito do meu trabalho.
6. Eles _jogam_ futebol todos os domingos.
7. Nunca me _levanto_ tarde.
8. Normalmente nós _ficamos_ em casa à noite.
9. Ele _lava_ o carro ao fim-de-semana.
10. O meu filho _usa_ óculos.
11. Ela _apanha_ sempre o autocarro das 8h.
12. O filme _começa_ às 21h30 e _acaba_ às 23h00.

5.3. Ponha o verbo na forma correcta.
1. Ela _toca_ piano muito bem. (tocar)
2. Nós _falamos_ português. (falar)
3. Eu não _trabalho_ aos fins-de-semana. (trabalhar)
4. O Pedro _gosta_ de futebol. (gostar)
5. Eles _andam_ na universidade. (andar)
6. O Pedro e a Ana _estudam_ medicina. (estudar)
7. Depois do almoço eu _tomo_ sempre um café. (tomar)
8. Quem é que _paga_ a conta? (pagar)
9. Ele _telefona_ aos pais todos os dias. (telefonar)
10. A que horas é que tu _jantas_? (jantar)
11. Onde é que vocês se _encontram_ hoje à noite? (encontrar)
12. Ela _ganha_ bem na nova empresa. (ganhar)
13. As crianças _brincam_ no parque todos os domingos. (brincar)

5.4. Faça frases sobre o Pedro, a Ana e sobre si próprio. Use:

| sempre / nunca / todos os dias / de manhã / à tarde / à noite / às vezes / normalmente |

1. _O Pedro joga futebol todos os dias._
   Eu _nunca jogo futebol_
2. O Pedro _sempre coupra_ o jornal.
   Eu _nunca compro o journal_
3. A Ana não _nunca toma_ café à noite.
   Eu _tomo_
4. Às vezes o Pedro _toma uma ducha à noite_
   Eu _I_
5. A Ana _____ duche de manhã.
   Eu _____
6. O Pedro nunca _____
   Eu _____
7. Normalmente a Ana _____ o autocarro das 8h00.
   Eu _____

15

Unidade 6

Presente do indicativo
verbos **regulares** em *-er*

Ele **vive** no Porto.

Eles não **compreendem** nada.

No inverno **chove** muito.

comer

eu	com**o**
tu	com**es**
você ele ela	com**e**
nós	com**emos**
vocês eles elas	com**em**

☞		1ª pessoa do singular
	conhe**c**er	**eu conheço**, tu conheces…
	des**c**er	**eu desço**, tu desces…
	esque**c**er	**eu esqueço**, tu esqueces…
	aque**c**er	**eu aqueço**, tu aqueces…
	pare**c**er	**eu pareço**, tu pareces…
	abran**g**er	**eu abranjo**, tu abranges…
	prote**g**er	**eu protejo**, tu proteges…
	er**gu**er	**eu ergo**, tu ergues…

— Eu **bebo** café de manhã, mas ela **bebe** chá.

— **Conheces** a irmã do Pedro?
— Não, não **conheço**.

— O elevador não **desce**. Está avariado.

— No sul de Portugal **chove** pouco.

— As crianças **aprendem** línguas com facilidade.

— Ele **vive** em Macau.

— **Esqueço**-me sempre do chapéu de chuva na escola.

— Eles **escrevem** aos pais todas as semanas.

Unidade 6   Exercícios

Compreender (circled, top right)

BMS

6.1. Escreva os seguintes verbos na forma correcta:

1. escrever / você _escreve_
2. compreender / ele _compreende_
3. comer / nós _comemos_
4. conhecer / eu _conheço_
5. beber / tu _bebes_
6. resolver / eles _resolvem_
7. descer / ela _desce_
8. aquecer / eu _aqueço_
9. viver / eu _vivo_
10. correr / elas _correm_
11. aprender / vocês _aprendem_
12. esquecer / eu _esqueço_

6.2. Complete com os verbos na forma correcta:

1. Ao pequeno-almoço nós _bebemos_ (beber) café com leite e _comemos_ (comer) pão com manteiga.
2. Vocês _aprendem_ (aprender) português numa escola de línguas?
3. Ela _parece_ -se (parecer) muito com o pai. _se parece_
4. Eles agora _vivem_ (viver) no Porto.
5. No Verão raramente _chove_ (chover).
6. Quando ele está de férias _escreve_ (escrever) sempre aos amigos.
7. O texto é difícil. Eu não _compreendo_ (compreender) nada.
8. Quando o telefone toca, é o filho que _atende_ (atender).
9. Tu _esqueces_ -te (esquecer) sempre do nome dela.
10. Eu _desço_ (descer) esta rua todos os dias para apanhar o autocarro.
11. Ela não _conhece_ (conhecer) a professora de português.
12. Quem é que _responde_ (responder) a esta pergunta?

6.3. Responda às seguintes perguntas com o verbo na forma correcta.

1. — Comes pão com manteiga ao pequeno-almoço?
   — *Como.*
2. — Bebes café depois do almoço?
   — _bebo_
3. — Resolves sempre os problemas?
   — _resolvo_
4. — Conheces o director da escola?
   — _conheço_
5. — Aprendes línguas com facilidade?
   — _Aprendo_
6. — Vives em Lisboa?
   — _vivo_
7. — Chove muito no teu país?
   — _chove_
8. — Escreves à família quando estás de férias?
   — _escrevo_
9. — Atendes o telefone?
   — _Atendo_
10. — Compreendes bem este exercício?
    — _compreendo_

11. — Comem uns bolinhos?
    — *Comemos.*
12. — Bebem um sumo de laranja?
    — _bebemos_
13. — Correm todas as manhãs?
    — _corremos_
14. — Vivem fora de Lisboa?
    — _vivemos_
15. — Já conhecem o meu irmão?
    — _conhecemos_
16. — Compreendem o texto?
    — _Compreendemos_
17. — Descem de elevador?
    — _Descemos_
18. — Aprendem bem línguas?
    — _Aprendemos_
19. — Resolvem-me o problema?
    — _Resolvemos_
20. — Recebem muitas cartas?
    — _recebemos_

Unidade 7 Presente do indicativo
verbos **irregulares** em *-er*

Ela **vê** televisão
todas as noites.

Ele **lê** o jornal todos os dias.

Ela **faz** o pequeno-almoço
todas as manhãs.

	ver	ler	fazer	dizer	trazer	saber	poder	querer	perder	pôr
eu	*vejo*	*leio*	*faço*	*digo*	*trago*	*sei*	*posso*	quero	*perco*	ponho
tu	*vês*	*lês*	fazes	dizes	trazes	sabes	podes	queres	perdes	*pões*
você ele ela	*vê*	*lê*	*faz*	*diz*	*traz*	sabe	pode	*quer*	perde	*põe*
nós	vemos	lemos	fazemos	dizemos	trazemos	sabemos	podemos	queremos	perdemos	*pomos*
vocês eles elas	*vêem*	*lêem*	fazem	dizem	trazem	sabem	podem	querem	perdem	*põem*

— Amanhã **trago**-te um presente.

— A Ana **põe** sempre a mesa para o almoço.

— Eu **faço** anos em Abril e o João **faz** anos em Maio.

— **Querem** mais bolo?
— Eu **quero**, mas ele não **quer**.

— Não **posso** sair, porque tenho de estudar.

— Ele **sabe** falar muitas línguas.

— **Sabem** a que horas é o filme?
— Não, não **sabemos**.

— Eles **dizem** que chegam amanhã.

— **Pode** dizer-me as horas, por favor?
— São 10h15.

— **Lês** bem as legendas, John?
— **Leio**, mas não compreendo tudo.

— Os meus filhos **vêem** muito televisão.

— Às vezes **perco** o autocarro das 8h.

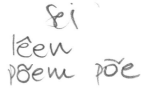

Unidade 7   Exercícios

7.1. Escreva os seguintes verbos na forma correcta:

1. saber / eu _sei_
2. trazer / ele _traz_
3. ver / eles _veem_
4. dizer / eu _digo_ *
5. querer / nós _queremos_

6. poder / eu _posso_
7. pôr / ela _põe_
8. ler / vocês _lêem_
9. trazer/ eu _trago_
10. querer / ela _quer_

11. ver / eu _vejo_
12. ler / você _lê_
13. fazer / eu _faço_
14. ler / eu _leio_
15. pôr / eles _põem_

16. pôr / eu _ponho_
17. fazer / ela _faz_
18. perder / eu _perco_
19. ver / elas _vêem_
20. ler / vocês _lêem_

7.2. Complete as seguintes frases com os verbos listados na forma correcta:

> **pôr / fazer / ver / saber / ler / querer**

1. — _Podes_ _____ sair hoje à noite?
   — Hoje à noite não _posso_ _____. Tenho de estudar.
2. Ao fim-de-semana eles __lêem__ sempre a revista do Expresso.
3. A Ana e o Pedro __fazem__ anos em Janeiro.
4. O meu filho está no 1º ano e já __sabe__ ler.
5. Ela usa óculos, porque não __vê__ bem ao longe.
6. — Quem __quer__ mais café?
   — Eu __quero__.
7. — Quem é que __põe__ a mesa?
   — Ao almoço __ponho__ eu; ao jantar é a Ana que __põe__.

7.3. Faça frases com o verbo na forma correcta:

1. (ele / querer / outro café) _Ele quer outro café._
2. (eu / nunca / ver / televisão) _Eu nunca vejo televisão_
3. (ela / fazer / anos / hoje) _Ela faz anos hoje_
4. (amanhã / eu / fazer / uma festa / em casa) _Amanhã eu faço_
5. (eu / não / saber / o nome / dela) _Eu não sei o nome dela_
6. (o sr. Ramos / ler / o jornal / todos os dias) _O sr. Ramos lê o jornal_
7. (eu / trazer / uma prenda / para / a Ana) _Eu trago uma prenda para a_
8. (eu / não / poder / sair / à noite) _Eu não posso sair à noite_
9. (eles / trazer / os livros / na pasta) _Eles trazem os livros na pasta_
10. (eu / ler / o jornal / todos os dias) _Eu leio o jornal todos os dias_
11. (ela / saber / falar / muitas / línguas) _Ela sabe falar muitas línguas_
12. (a empregada / trazer / o pão / de manhã) _A empregada traz o pão de manhã_
13. (hoje / eu / querer / ficar / em casa) _Hoje eu quero ficar em casa_
14. (ele / ver / mal / ao longe) _Ele vê mal ao longe_
15. (eu / já / ler / o jornal / em português) _Eu já leio o jornal em Português_
16. (eu / nunca / perder / o chapéu de chuva) _Eu nunca perco._

Unidade 8 — Presente do indicativo

verbos **regulares** e **irregulares** em **-ir**;
verbos em **-air**

Ela **parte** amanhã para Cabo Verde.

Eles **preferem** ir ao cinema.

Ele **vai** para a escola a pé.

Ele não **consegue** estudar com barulho.

Verbos regulares

	abrir
eu	abr**o**
tu	abr**es**
você ele ela	abr**e**
nós	abr**imos**
vocês eles elas	abr**em**

Verbos irregulares

pedir	ouvir	dormir	subir	ir	vir
peço	*ouço/oiço*	*durmo*	*subo*	*vou*	*venho*
pedes	ouves	dormes	sobes	*vais*	*vens*
pede	ouve	dorme	sobe	*vai*	*vem*
pedimos	ouvimos	dormimos	*subimos*	*vamos*	*vimos*
pedem	ouvem	dormem	sobem	*vão*	*vêm*

☞		1ª pessoa do singular
	cons**egu**ir	**eu** cons**igo**, tu consegues…
	v**e**stir	**eu** v**isto**, tu vestes…
	d**e**spir	**eu** d**ispo**, tu despes…
	s**e**ntir	**eu** s**into**, tu sentes…
	pref**e**rir	**eu** pref**iro**, tu preferes…
	corr**i**gir	**eu** corr**ijo**, tu corriges…

Verbos em -air

	sair	cair
eu	**saio**	**caio**
tu	**sais**	**cais**
você ele ela	**sai**	**cai**
nós	**saímos**	**caímos**
vocês eles elas	**saem**	**caem**

— **Partimos** para Timor na próxima semana.
— Quando estou com frio, **visto** a camisola.
— O professor **corrige** os exercícios amanhã.
— As lojas **abrem** às 10h00.
— Quando chega a casa, ela **despe** o casaco.
— Nós **saímos** da escola às 13h00.
— À noite eles nunca **saem**.

— **Durmo** muito bem. Nunca **oiço** barulho.
— Eles **reunem**-se todos os sábados em casa da Ana.
— **Sentes**-te bem?
— **Sinto**-me cansado.
— Já é tardíssimo, Pedro. **Vais** chegar atrasado.
— **Peço** imensa desculpa pelo atraso.
— Cuidado! Ainda **cais** daí.
— Não **caio** nada!
— Eles **vão** de autocarro para a escola.

Unidade 8   **Exercícios**

8.1. Escreva os seguintes verbos na forma correcta:

1. abrir / eles _abrem_   5. dormir / eu _durmo_   9. sentir / eu _sinto_   13. ir / eu _vou_
2. pedir / eu _peço_   6. sair / elas _saem_   10. vestir / tu _vestes_   14. vir / eles _vêm_
3. cair / nós _caímos_   7. conseguir / eu _consigo_ 11. partir / ele _parte_   15. ir / nós _vamos_
4. ouvir / eu _ouço_   8. subir / nós _subimos_   12. preferir / eu _prefiro_ 16. vir / eu _venho_

8.2. Faça frases com os verbos na forma correcta:

1. (eu / despir / o casaco) *Eu dispo o casaco.*
2. (o empregado / servir / o café / à mesa) _O empregado serve o café à mesa_
3. (ela / sair / com / os amigos) _Ela sai com os amigos_
4. (o senhor / seguir / sempre / em frente) _O senhor segue sempre em frente_
5. (os bancos / abrir / às 8h30) _Os bancos abrem_
6. (ela / dividir / o bolo / com / os irmãos) _Ela divide o bolo como os irmãos_
7. (eu / preferir / ficar / em casa) _(Eu) prefiro ficar em casa_
8. (o avião / partir / às 17h00) _O avião parte às 1700_
9. (nós / ir / ao cinema) _Nós vamos ao cinema_
10. (eu / não / conseguir / estudar / com barulho) _Não consigo estudar com barulho_
11. (eles / vir / de autocarro) _Eles vêm de autocarro_

8.3. Responda, usando só o verbo da pergunta:

1. — Sentes-te bem?
   — *Sinto.*

2. — Consegues estudar à noite?
   — _Consigo_

3. — Dormes bem?
   — _Durmo_

4. — Vais ao concerto?
   — _Vou_

5. — Sais com os amigos?
   — _Saio_

6. — Pedes desculpa quando te atrasas?
   — _Peço_

7. — Ouves música?
   — _Ouço_

8. — Vestes camisolas no Inverno?
   — _Visto_

9. — Vais à festa?
   — _Vou_

10. — Partes amanhã para Díli?
    — _Parto_

11. — Sentem-se bem?
    — *Sentimos.*

12. — Sobem de elevador?
    — _Subimos_

13. — Vão ao cinema?
    — _Vamos_

14. — Ouvem o noticiário?
    — _Ouvimos_

15. — Partem hoje para a Guiné?
    — _Partimos_

16. — Conseguem estudar com barulho?
    — _Conseguimos_

17. — Vão à escola?
    — _Vamos_

18. — Preferem ficar em casa?
    — _Preferimos_

19. — Despem os casacos?
    — _Despimos_

20. — Saem hoje à noite?
    — _Saímos_

21

Unidade 9 estou a fazer e faço

— O que é que a Ana **está a fazer**?
— A Ana **está a jogar** ténis.

— O que é que ela **faz** todos os sábados?
— Ela **joga** ténis todos os sábados.

— A Ana **está a jogar** futebol?
— **Não, não está. Está a jogar** ténis.

— A Ana **joga** futebol?
— **Não, não joga. Joga** ténis.

— Agora não posso sair. **Estou a trabalhar**.
— O João **está a tomar** o pequeno-almoço neste momento.
— É melhor levar o chapéu de chuva. **Está a chover**.
— Podes desligar o rádio. Não **estou a ouvir**.
— **Trabalho** todos os dias das 9h00 às 18h00.
— O João **toma** o pequeno-almoço todas as manhãs.
— No Inverno **chove** muito.
— Normalmente não **oiço** rádio.
— **Estudamos** português todos os dias.

— O que é que **estão a fazer**?
— **Estamos a estudar**.

- Estes verbos só se usam na forma simples:
  querer / gostar / precisar / preferir / saber / esquecer-se / lembrar-se / ir / vir

— **Quer** um café?
— **Gosto** muito de café, mas agora não **quero**, obrigado.

— **Sabes** o nome dela?
— Nunca **sei** o nome dela. **Esqueço-me** sempre.

— **Lembras-te** do nosso professor?
— **Lembro-me** muito bem.

— Agora **prefiro** tomar chá.

— **Preciso** de comprar um dicionário.

— **Vou** para casa agora.

— **Venho** sempre de autocarro.

Unidade 9   Exercícios

9.1. Responda às seguintes perguntas:

1. Sou empregada doméstica.	2. Somos jornalistas.	3. Sou professor.	4. Sou secretária.	5. Somos estudantes.

1. O que é que ela faz todos os dias?
   (arrumar / a casa) *Ela arruma a casa todos os dias.* _____
   O que é que ela está a fazer agora?
   (lavar / o chão) *Agora está a lavar o chão.* _____
   Ela está a fazer as camas?
   Não, não está. _____

2. O que é que eles fazem?
   (fazer / reportagens) _____
   O que é que estão a fazer agora?
   (entrevistar / um político) _____
   Eles estão a escrever um artigo?
   Não, _____

3. O que é que ele faz?
   (ensinar / português) _____
   O que é que ele está a fazer agora?
   (corrigir / exercícios) _____
   Ele está a explicar os exercícios?
   Sim, _____

4. O que é que ela faz?
   (escrever / cartas) _____
   O que é que ela está a fazer agora?
   (atender / o telefone) _____
   Ela está a falar com o chefe?
   Não, _____

5. O que é que eles fazem?
   (estudar / línguas) _____
   O que é que eles estão a fazer agora?
   (fazer / exercícios) _____
   Eles estão a estudar?
   Sim, _____

9.2. Complete as frases com o verbo na forma correcta.
1. Desculpe, você *fala* _____ português? (falar)
2. Eles não _____ muito televisão. (ver)
3. Agora eu _____ o almoço. (arranjar)
4. De manhã ela _____ café com leite e _____ pão com manteiga. (beber/comer)
5. Eles _____ futebol ao domingo. (jogar)
6. Hoje é domingo e eles _____ futebol. (jogar)
7. O que é que tu _____ agora? (fazer)
   _____ (estudar)
8. Vocês _____ de cinema? (gostar)
   _____ muito. (gostar)
9. Podes desligar o rádio. Eu não _____. (ouvir)
10. Ele não pode atender o telefone. _____ duche. (tomar)

23

Unidade 10 Presente do indicativo
verbo *ter*

Eles **têm** um
apartamento
em Macau.

Ele **tem** 20 anos.

Ela **tem** frio.

Eles **têm** muitos colegas
na escola.

ter

eu	**tenho**
tu	**tens**
você ele ela	**tem**
nós	**temos**
vocês eles elas	**têm**

O sr. Ramos **tem** muito trabalho no escritório.

Tenho dois irmãos. O meu irmão **tem** 18 anos e a minha irmã **tem** 15 anos. Eu **tenho** 21 anos.

A nossa casa é muito grande. **Tem** 6 divisões e **tem** um grande jardim.

— O que é que **tens**?
— **Tenho** calor. Abre a janela, por favor.

— Quem é que **tem** um dicionário?
— **Tenho** eu. Aqui está.

— A Ana e o João **têm** muitos colegas na escola.

— Ela **tem** medo de ratos.

— Nunca **tenho** fome de manhã.

— Ele quer beber água. **Tem** muita sede.

Unidade 10   Exercícios

 tem / têm

10.1. Complete com o verbo **ter** na forma correcta.

1. eu _tenho_
2. ele _tem_
3. nós _temos_
4. vocês _têm_
5. elas _têm_
6. tu _tens_
7. ela _tem_
8. eles _têm_
9. você _tem_
10. eu e a Ana _temos_
11. tu e o João _têm_
12. A Ana e o João _têm_

10.2. Ponha o verbo **ter** na forma correcta.

1. Eles _têm_ 3 filhos.
2. Nós _temos_ um apartamento em Lisboa.
3. Ele _tem_ um carro novo.
4. Quem é que _tem_ uma caneta vermelha?
5. Eu _tenho_ uma festa no sábado.
6. Hoje já não _tenho_ tempo, mas amanhã falo com vocês.
7. Eles _têm_ sempre muito trabalho da escola e às vezes _têm_ dificuldade nos exercícios.
8. Quantos anos _tens_ (tu)?
tenho 15 anos.
9. Ela _tem_ muitos problemas com os filhos. Às vezes já não _tem_ paciência.
10. Estou cheia de calor e _tenho_ muita sede.

10.3. Responda com o verbo **ter** na forma correcta.

1. — Tens uma caneta preta? (não / ela)
   — *Não, não tenho, mas ela tem.*
2. — Tens irmãos? (sim / dois)
   — *Tenho. Tenho dois irmãos.*
3. — Vocês têm um dicionário? (Não / ele)
   — _Não, não temos, mas ele tem_
4. — A senhora tem filhos? (Sim / três)
   — _Sim, tenho três_
5. — Tens um apartamento em Lisboa? (Não / eles)
   — _Não, não tenho, mas eles têm_
6. — Ela tem irmãos? (Sim / quatro)
   — _Sim, ela tem quatro irmãos_
7. — Tem uma borracha? (Não / a Ana)
   — _Não, não tenho, mas a Ana tem_
8. — Vocês têm carro? (Sim / dois)
   — _Sim, nós temos dois / temos, temos dois carros_
9. — O senhor tem um jornal? (Não / ela)
   — _Não, não tenho mas ela tem_
10. — Tu e a Ana têm amigos? (Sim / muitos)
    — _Sim, temos muitos_
11. — Tens um lápis? (Não / Pedro)
    — _Não, mas Pedro tem_
12. — Vocês têm frio? (Não / ele)
    — _Não, não temos, mas ele tem._

Unidade 11 Pretérito perfeito simples

verbos **ser** / **ir** / **estar** / **ter**

Ontem à noite eles **foram** ao cinema.

O filme **foi** bom.

No fim-de-semana passado eu **fui** à praia.

No domingo passado eu **estive** com os meus amigos.

Ontem eu **tive** muito trabalho no escritório.

Verbos irregulares

	ser	ir	estar	ter
eu	fui	fui	estive	tive
tu	foste	foste	estiveste	tiveste
você ele ela	foi	foi	esteve	teve
nós	fomos	fomos	estivemos	tivemos
vocês eles elas	foram	foram	estiveram	tiveram

— Na semana passada **estive** doente. **Tive** gripe.
— Agora estou bem: já não tenho febre.

— Tenho aulas todos os dias, mas ontem não **tive** porque o professor **foi** ao médico.

— Ontem **fomos** aos anos do Pedro. A festa **foi** óptima.

— Ele **esteve** uma semana em Moçambique.
— **Foi** lá em negócios. **Foi** uma viagem muito cansativa.

(anotações no topo da página, manuscritas) Eu tive estive / estive Esteve / fui fi

Unidade 11   Exercícios

11.1. Complete com os seguintes verbos no **p.p.s.**:

1. ser / eu _fui_
2. ter / você _foi_
3. estar / ele _esteve_
4. ir / ela _foi_
5. ser / ele _foi_
6. ter / eu _teve_

7. estar / eu _esteve_
8. ter / tu _tiveste_
9. ser / nós _tivemos_
10. ir / eu _fui_
11. ser / eles _fomos_
12. ter / nós _tivemos_

13. estar / você _esteve_
14. ir / tu _foste_
15. ter / ela _esteve_
16. ser / vocês _foram_
17. estar / nós _estivemos_
18. ter / eles _estiveram_

19. estar / tu _estiveste_
20. ser / tu _foste_
21. ir / nós _fomos_
22. ter / vocês _tiveram_
23. ir / você _foram_
24. estar / eles _estiveram_

11.2. Responda com os verbos indicados no **p.p.s..** Siga o exemplo:

ser

1. — A viagem **foi** boa?
   — _Foi_ , _foi_ .
2. — As férias foram divertidas?
   — _Foram_ , _foram_ .
3. — O filme foi bom?
   — _foi_ , _foi_ .

4. — O espectáculo foi interessante?
   — _foi_ , _foi_ .
5. — O exame foi difícil?
   — _foi_ , _foi_ .
6. — Foste bom aluno na escola?
   — _fui_ , _fui_ .

ir

7. — Vocês **foram** à escola?
   — _Fomos_ , _fomos_ .
8. — O senhor foi à reunião?
   — _fui_ , _fui_ .
9. — Foste à praia?
   — _fui_ , _fui_ .

10. — Os senhores foram a Sintra?
    — _fomos_ , _fomos_ .
11. — O Pedro foi para casa?
    — _foi_ , _foi_ .
12. — Foste ao cinema?
    — _fui_ , _fui_ .
13. — Vocês foram ao supermercado?
    — _fomos_ , _fomos_ .

ter

14. — O senhor **teve** muito trabalho?
    — _Tive_ , _tive_ .
15. — Vocês tiveram dificuldades com os exercícios?
    — _tivemos_ , _tivemos_ .
16. — Tiveste problemas no banco?
    — _tive_ , _tive_ .

17. — Teve aulas ontem?
    — _tive_ , _tive_ .
18. — Tiveste frio de noite?
    — _tive_ , _tive_ .

estar

19. — Vocês **estiveram** em casa ontem?
    — _Estivemos_ , _estivemos_ .
20. — Ela esteve no escritório?
    — _esteve_ , _este_ .
21. — Estiveste na festa do Pedro?
    — _estive_ , _estive_ .
22. — O senhor esteve no Porto?
    — _estive_ , _estive_ .

23. — Esteve doente?
    — _esteve_ , _esteve_ .
24. — A senhora esteve na reunião?
    — _esteve_ , _esteve_ .
25. — Estiveram com eles?
    — _estivemos_ , _estivemos_ .

11.3. Escreva frases sobre o **passado**.

1. Ele vai de carro para o trabalho.
   Ontem _foi de ónibus_ .
2. Vou ao supermercado.
   Hoje de manhã _fui ao supermercado_ .
3. Vamos ao cinema.
   Ontem à noite _fomos ao cinema_ .
4. Tenho um teste logo à tarde.
   Ontem à tarde _tive_ .
5. Ela está doente.
   Na semana passada também _esteve_ .

6. Estou em casa hoje à noite.
   Ontem também _estive em casa_ .
7. O Pedro é um bom aluno.
   O irmão também _foi_ na escola.
8. Eles agora estão no Porto.
   No mês passado _estiveram_ em Lisboa.
9. Estes exercícios são fáceis.
   Os de ontem _foram_ mais difíceis.
10. A Ana e o Pedro vão a uma festa.
    No sábado passado também _foram_ .

Unidade 12   Pretérito perfeito simples
verbos **regulares** em *-ar, -er* e *-ir*

Ontem **trabalhei** das 9h
até às 6h da tarde.

Na semana passada ela
escreveu aos amigos.

Ontem à tarde ele **sentiu**-se
mal e foi para casa.

Verbos regulares

	-ar	-er	-ir
	falar	**comer**	**abrir**
eu	fal*ei*	com*i*	abr*i*
tu	fal*aste*	com*este*	abr*iste*
você ele ela	fal*ou*	com*eu*	abr*iu*
nós	fal*ámos*	com*emos*	abr*imos*
vocês eles elas	fal*aram*	com*eram*	abr*iram*

☞		1ª pessoa do singular
	come*ç*ar	**eu** come*c*ei, tu começaste…
	fi*c*ar	**eu** fi*qu*ei, tu ficaste…
	pa*g*ar	**eu** pa*gu*ei, tu pagaste…

— Ontem à noite **ficámos** em casa.

— **Comi** tantos chocolates que **fiquei** mal disposto.

— A camioneta para o Porto já **partiu**.

— A Ana **nasceu** no Porto e sempre lá **viveu**.

— Ao jantar **comeram** carne e **beberam** vinho tinto.

Unidade 12   Exercícios

(handwritten top right: comemos / comecei / encontrámos)

12.1. Complete com os seguintes verbos no **p.p.s.**:

1. comprar / ele *comprou*
2. dormir / tu *dormiste*
3. falar / nós *falámos*
4. partir / eles *partiram*
5. nascer / ela *nasceu*
6. pagar / eu *paguei*
7. ficar / eu *fiquei*
8. comer / nós *comemos*
9. conseguir / você *conseguiu*
10. perder / vocês *perderam*
11. começar / eu *comecei*
12. abrir / tu *abriste*

12.2. Responda às seguintes perguntas usando só o verbo:

1. **Falaste** com ele?   *Falei.*
2. **Ouviste** as notícias?   *Ouvi.*
3. **Compraram** os bilhetes?   *Comprei.*
4. **Trabalhaste** muito?   *Trabalhei.*
5. **Dormiu** bem?   *Dormi.*
6. **Pagaste** as contas?   *Paguei.*
7. **Perderam** os documentos?   *Perderam / perdemos*
8. **Tomaste** o pequeno-almoço?   *Tomei.*
9. **Encontraram** a rua?   *encontrámos*
10. **Leste** o jornal?   *Li.*

12.3. O que é que a Ana fez no fim-de-semana passado?

	sábado	domingo
manhã	acordar às 10h00 tomar duche tomar o pequeno-almoço às 11h00 ir às compras	dormir até ao meio-dia almoçar fora
tarde	ler o jornal ouvir música	arrumar a casa escrever aos amigos telefonar à avó
noite	jantar fora ir ao cinema com os amigos voltar para casa à meia-noite	ficar em casa ir para a cama cedo

No sábado de manhã a Ana acordou às 10h00. _____

_____

_____

_____

_____

_____

No domingo _____

_____

_____

_____

_____

_____

Unidade 13 Pretérito perfeito simples

verbos **irregulares**; verbos em **-air**

Verbos irregulares

	dizer	trazer	fazer	querer	ver	vir	dar	saber	pôr	poder
eu	disse	trouxe	fiz	quis	vi	vim	dei	soube	pus	pude
tu	disseste	trouxeste	fizeste	quiseste	viste	vieste	deste	soubeste	puseste	pudeste
você ele ela	disse	trouxe	fez	quis	viu	veio	deu	soube	pôs	pôde
nós	dissemos	trouxemos	fizemos	quisemos	vimos	viemos	demos	soubemos	pusemos	pudemos
vocês eles elas	disseram	trouxeram	fizeram	quiseram	viram	vieram	deram	souberam	puseram	puderam

— O Pedro **fez** anos no fim-de-semana passado.

— Os amigos **deram**-lhe os parabéns
  e **trouxeram**-lhe presentes.

— Como é que **vieste**?

— **Vim** de autocarro.

— O que é que **fizeste** ontem à noite?

— **Vi** um filme na televisão.

— Ele nunca **quis** estudar línguas.

— **Puseram** os casacos e **saíram**.

— Ontem não **pude** ir com vocês,
  porque tinha de estudar.

— O que é que ele **disse**?

— **Disse** que estava muito cansado.

— A minha mãe nunca **soube** falar inglês.

— Ontem à noite não **saí**. Fiquei em casa.

— O meu filho **caiu** e partiu a cabeça.

Verbos em -air

	cair	sair
eu	caí	saí
tu	caíste	saíste
você ele ela	caiu	saiu
nós	caímos	saímos
vocês eles elas	caíram	saíram

Unidade 13   Exercícios

[margin notes, handwritten: Pôde / Pôs / fiz-tez ; disse / trouxe / Demos ; fiz quis / pus-pôs / pude-pôde]

13.1. Complete com os seguintes verbos no **p.p.s.**:

1. pôr / eu _pus_
2. poder / você _pôde_
3. dar / ela _deu_
4. ver / eu _vi_
5. fazer / ele _fez_
6. querer / tu _quiseste_
7. vir / eu _vim_
8. trazer / você _trouxe_
9. saber / eles _souberam_
10. ver / nós _vimos_
11. trazer / elas _trouxeram_
12. pôr / ele _pôs_
13. vir / você _veio_
14. fazer / eu _fiz_
15. dar / nós _demos_
16. poder / eu _pude_

13.2. Complete com os verbos no **p.p.s.**.

1. Os meus vizinhos _fizeram_ muito barulho ontem à noite. (fazer)
2. O João não _quis_ ir ao cinema. (querer)
3. Ela _veio_ ontem e _trouxe_ presentes para todos. (vir, trazer)
4. Ele _pôs_ os óculos para ler o jornal. (pôr)
5. (Eu) não _pude_ ir com vocês à festa. (poder)
6. Ontem (nós) _vimos_ o professor no café. (ver)
7. O que é que vocês _fizeram_ no sábado passado? (fazer)
8. O Pedro e a Ana _vieram_ muito tarde para casa. (vir)
9. Ela _deu_ muitos erros no ditado. (dar)
10. (Tu) _viste_ televisão ontem à noite? (ver)
11. Eles não _souberam_ o que aconteceu. (saber)
12. Ele _viu_-me, mas eu não o _vi_. (ver)

13.3. Faça frases com os verbos no **p.p.s.**.

1. (ele / **vir** tarde para casa) *Ele veio tarde para casa.*
2. (eles / **trazer** presentes para todos) _Eles trouxeram_
3. (eu / não **poder** ir ao cinema) _pude_
4. (nós / **ver** um bom filme na TV) _vimos_
5. (ninguém / **fazer** os exercícios) _fez_
6. (vocês / **saber** o que aconteceu?) _souberam_
7. (os meus amigos / **dar** uma festa no sábado) _deram_
8. (ela / **querer** ficar em casa) _quis_
9. (eles / **pôr** os casacos e **sair**) _pôs   saiu_
10. (o que é que tu / **fazer** ontem?) _fizeste_
11. (vocês / **trazer** os livros?) _trouxeram_
12. (eu / não **ver** o acidente) _viu_
13. (o Pedro / não **poder** ir ao futebol) _pôde_
14. (quantos erros / **dar** a Ana na composição?) _deu_
15. (eu / **vir** de carro para a escola) _vi_

Unidade 14 Conjugação pronominal reflexa; colocação do pronome

Ele **levanta-se** às 8h.

Eles **encontram-se** às 10h no café.

Ela **chama-se** Ana Silva.

Conjugação pronominal reflexa
levantar-se

eu	levanto-*me*
tu	levantas-*te*
você ele ela	levanta-*se*
nós	levantamo-*nos*
vocês eles elas	levantam-*se*

Pronomes reflexos

me
te
se
nos
se

Colocação do pronome

- pronome **depois** do verbo (ordem normal):

— Eu levanto-*me* sempre cedo.
— E tu? Levantas-*te* cedo?

- pronome **antes** do verbo:

Verbos reflexos

Não	*me*	levanto cedo.	levantar-se
Nunca	*se*	deita tarde.	deitar-se
Também	*nos*	sentamos aqui.	sentar-se
Como	*te*	chamas?	chamar-se
Como é que	*te*	chamas?	chamar-se
Já	*se*	lavaram?	lavar-se
Ainda não	*me*	vesti.	vestir-se
Enquanto	*se*	lava, canta.	lavar-se
Todos	*se*	lembram bem dela.	lembrar-se
Ninguém	*se*	deitou tarde ontem.	deitar-se

—**Nunca** *me* lembro do teu número de telefone.

— Vocês deitam-*se* muito tarde?
— Não, deitamo-*nos* sempre cedo.

— Ontem esqueci-*me* do chapéu de chuva na escola.

— Eles **já** *se* encontraram uma vez.

Unidade 14   Exercícios

14.1. Coloque correctamente o **pronome**.

1. Eu não *me*   levanto_____ tarde.
2. Por favor, _____ sente-*se* _____ aqui, D. Maria.
3. A Ana _____ veste _____ em 5 minutos.
4. À tarde eles _____ encontram _____ sempre no café.
5. Ninguém _____ esqueceu _____ do chapéu de chuva?
6. Como _____ chama _____ a professora?
7. Todos _____ lembram _____ do que aconteceu.
8. Vocês _____ deitam _____ muito tarde?
9. Já _____ lavaste _____?
10. Ainda não _____ lavei _____.

14.2. Responda com o verbo da pergunta.

1. — Eu **levanto-me** às 7h00. E tu?
   — Eu também_____ às 7h00.

2. — A que horas é que **nos encontramos**?
   — _____ às 11h00 no café.

3. — Onde é que **nos sentamos**?
   — Tu _____ aí e eu _____ aqui.

4. — Como é que **se chama** a irmã dela?
   — _____ Ana Silva.

5. — Vocês **deitam-se** muito tarde?
   — Não, _____ sempre cedo.

6. — **Lembras-te** da Ana?
   — _____ muito bem.

7. — Onde é que **se esqueceu** do chapéu?
   — _____ do chapéu no autocarro.

8. — Já **se lavaram,** meninos?
   — Ainda não _____.

9. — **Lembras-te** a que horas é o jogo?
   — Não, não _____.

10. — Ontem **levantaram-se** cedo?
    — Eu _____ às 8h00 e ela _____ às 8h30.

Unidade 15 Pretérito imperfeito do indicativo
aspecto **durativo** e **frequentativo**

Quando **era** pequena,
brincava <u>sempre</u> com bonecas.

1970
<u>Antigamente</u> **viviam** no campo.

Verbos regulares

	-ar	*-er*	*-ir*
	falar	**comer**	**abrir**
eu	fal*ava*	com*ia*	abr*ia*
tu	fal*avas*	com*ias*	abr*ias*
você ele ela	fal*ava*	com*ia*	abr*ia*
nós	fal*ávamos*	com*íamos*	abr*íamos*
vocês eles elas	fal*avam*	com*iam*	abr*iam*

Verbos irregulares

	ser	*ter*	*vir*	*pôr*
eu	**era**	**tinha**	**vinha**	**punha**
tu	**eras**	**tinhas**	**vinhas**	**punhas**
você ele ela	**era**	**tinha**	**vinha**	**punha**
nós	**éramos**	**tínhamos**	**vínhamos**	**púnhamos**
vocês eles elas	**eram**	**tinham**	**vinham**	**punham**

- Usamos o **imperfeito** para **descrever** ou **narrar** acontecimentos que decorreram no passado, expressando continuidade e duração.

  aspecto durativo ————> <u>Antigamente</u> *moravam* numa vivenda.

- Usamos o **imperfeito** para falar de **acções habituais e repetidas** no passado.

  aspecto frequentativo ——> Depois da escola *faziam* <u>sempre</u> os trabalhos de casa.

Unidade 15   Exercícios

15.1. Complete com os seguintes verbos no **imperfeito**:

1. ser / eu _____
2. ficar / ela _____
3. pôr / você _____
4. andar / tu _____
5. comer / nós _____
6. ter / ele _____
7. ler / eles _____

8. ver / eles _____
9. ir / elas _____
10. ouvir / tu _____
11. fazer / vocês _____
12. vir / eu _____
13. estar / ele _____
14. pedir / nós _____

15. querer / ela _____
16. levantar-se / eu ____
17. escrever / você ____
18. ajudar / tu _____
19. ir / nós _____
20. vir / vocês _____
21. ser / tu _____

15.2. O que é que o Pedro **fazia** quando **andava** no colégio?

      Faça frases com os verbos no **imperfeito**.

1. (**levantar-se** às 6h da manhã) *Levantava-se às 6h da manhã.* _____
2. (**fazer** a cama) _____
3. (**arrumar** a roupa) _____
4. (**tomar** duche) _____
5. (depois **descer** até ao 1º andar para tomar o pequeno-almoço) _____
6. (**comer** em silêncio) _____
7. (**assistir** à missa das 7h) _____
8. (**começar** as aulas às 8h) _____
9. (à tarde **fazer** ginástica) _____
10. (das 17h às 18h **estudar** na biblioteca do colégio) _____
11. (às 19h **jantar** na cantina) _____
12. (depois do jantar **conversar** com os amigos e **ver** televisão) _____
13. (cerca das 21h **ir** dormir) _____

15.3. Complete com os verbos no **imperfeito**:

1. Quando eles _____ (ser) crianças, _____ (viver) fora da cidade.
2. Por isso, _____ (levantar-se) muito cedo para ir à escola.
3. _____ (sair) de casa às 7h e _____ (ir) de autocarro até à cidade.
4. Na escola, _____ (ter) aulas das 8h até às 13h.
5. _____ (voltar) para casa, _____ (almoçar) e _____ (ir) fazer os trabalhos de casa.
6. Depois, _____ (brincar) com os amigos no jardim.
7. À noite, _____ (jantar) cedo e em seguida _____ (deitar-se).

Unidade 16   costumar (imperfeito) + infinitivo

Ele **costumava ir** a pé para o trabalho; agora vai de carro.

Eu **costumava usar** óculos; agora uso lentes de contacto.

		Acção habitual no passado
		costumar (imp.) + infinitivo
eu	costumava	
tu	costumavas	
você ele ela	costumava	ler trabalhar
nós	costumávamos	
vocês eles elas	costumavam	viajar

Acção habitual

no passado	no presente
Costumávamos viajar muito;	*agora* **viajamos** pouco.
Quando era nova, **costumava viver** em casa dos pais;	*agora* **vive** sozinha.
À sexta-feira à noite **costumava ficar** em casa;	*agora* **saio** sempre.
Naquele tempo **costumava haver** pouco trânsito;	*agora* **há** mais.
Quando morava na cidade, **costumava andar** de carro;	*agora* moro no campo e **ando** a pé.

Unidade 16   Exercícios

16.1. Faça frases com o verbo no **imperfeito** e no **presente do indicativo**.

1. (eles) / levantar-se / cedo - agora / tarde *Costumavam levantar-se cedo; agora levantam-se tarde.*
2. (eu) / trabalhar / num escritório - agora / num banco _____
3. Ao domingo / (eles) / ficar / em casa - agora / ir / ao cinema _____
4. (nós) / ter férias / em Julho - agora / em Agosto _____
5. (ele) / ser / muito gordo - agora / magro _____
6. A Ana / estudar / pouco - agora / muito_____
7. O sr. Machado / chegar atrasado - agora / a horas _____
8. (eu) / praticar desporto - agora / não fazer nada _____
9. Aos sábados / (ela) / ir à praça - agora / ao supermercado _____
10. As crianças / brincar em casa - agora / no jardim _____
11. O João / viver com os pais - agora / sozinho _____

16.2. Faça frases com os verbos no **imperfeito**.

1. máquinas de lavar // lavar tudo à mão
   *Antigamente não havia máquinas de lavar.*_____
   *As pessoas costumavam lavar tudo à mão.*_____
2. aviões // viajar de comboio
   _____
   _____
3. carros // andar mais a pé
   _____
   _____
4. telefones // escrever cartas
   _____
   _____
5. televisão // conversar mais
   _____
   _____
6. cinema // ir ao teatro
   _____
   _____

16.3. O que é que eles **costumavam fazer**, quando viviam no campo?

1. (levantar-se cedo) *Costumavam levantar-se cedo.*_____
2. (a mãe / fazer compras / na mercearia local) _____
3. (as crianças / brincar / na rua) _____
4. (à tarde / (eles) / dar passeios de bicicleta) _____
5. (aos domingos / (eles) / fazer um piquenique) _____

Unidade 17 Pretérito imperfeito do indicativo
idade e horas; acções simultâneas

Idade e horas no passado

Tinha 4 anos quando fui ao cinema pela primeira vez.

Era meia-noite quando a festa acabou.

- Usamos o **imperfeito** para indicar a **idade** e as **horas** no **passado.**

Acções simultâneas no passado

Hoje de manhã

Enquanto a Ana **tomava** duche, a irmã **fazia** as camas

- Usamos o **imperfeito** para referir **acções simultâneas** no **passado.**

> Enquanto a Ana **tomava** duche,
>
> a irmã **fazia** as camas.

Unidade 17   Exercícios

17.1. Complete as frases com os verbos **ser** ou **ter** no **imperfeito**.

1. — Quantos anos _____ quando foste para a escola?
   — _____ 6 anos. Mas o meu irmão _____ 5 anos.

2. _____ 7 horas quando me levantei.

3. Chegaram muito tarde ontem à noite. Já _____ meia-noite.

4. A minha mãe _____ 18 anos e o meu pai _____ 20 quando se conheceram.
   _____ muito jovens.

5. Ainda não _____ 8 horas quando saímos de casa.

17.2. Faça frases com os verbos no **imperfeito**.

1. (ele / vestir-se // ela / arranjar o pequeno-almoço)
   Enquanto ele se vestia, ela arranjava o pequeno-almoço.
2. (os filhos / tomar duche // a mãe / arrumar os quartos)

   _____

3. (eu / ver televisão // ele ler o jornal)

   _____

4. (eles / preparar as bebidas // nós / pôr a mesa)

   _____

5. (ela / estar ao telefone // tomar notas)

   _____

6. (a Ana e o João / estudar // ouvir música)

   _____

7. (a orquestra / tocar // o sr. Ramos / dormir)

   _____

8. (as crianças / brincar // nós / conversar)

   _____

9. (o professor / ditar // nós / escrever os exercícios)

   _____

10. (a empregada / limpar a casa // eu / tratar das crianças)

   _____

Unidade 18 estava a fazer e fiz; imperfeito vs. p.p.s.

  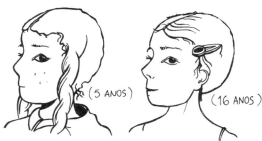

Estava a ler um livro. O telefone **tocou**. **Tinha** cabelo comprido **Cortou** o cabelo.
e **usava** tranças.

Imperfeito vs. pretérito perfeito simples (p.p.s.)	
imperfeito – acção a decorrer (~) **p.p.s.** – acção pontual (•)	**imperfeito** – descrição de factos **p.p.s.** – acção realizada
A Inês **estava a ler**, ~~~~~~~~~ • ~~~~~~~~ quando o telefone **tocou**.	Aos 5 anos, **tinha** o cabelo comprido e **usava** tranças. Mais tarde **cortou** o cabelo.

N.B.: O imperfeito representa o presente no passado
   O p.p.s. indica uma acção completamente realizada.

p.p.s.	imperfeito
Ontem à noite **21h**|- - - - - - - - - - - - - - -|**23h** [Vimos o filme] *(acção completa)* **Começámos** a ver o filme às 21h e **acabámos** às 23h.	Ontem à noite **21h**|~~~~~~~~~~~~~~~~|**23h** [estávamos a ver o filme] *(acção a decorrer)* — O que é que estavam a fazer às 22h30? — **Estávamos a ver** o filme.

— **Estava a ver** televisão quando me **telefonaste**.
— Quando **saímos** de casa, **estava a chover**.
— Ontem **choveu** o dia todo.
— Os alunos **estavam a trabalhar** quando o professor **entrou**.
— Hoje de manhã **vi** a Ana. **Estava a tomar** o pequeno-almoço, no café. **Trazia** um casaco
   comprido e **calçava** botas altas.

Unidade 18 Exercícios

18.1. Faça frases, usando o **imperfeito** ou o **p.p.s.**.

1. (ela / ler o jornal)   *Ela estava a ler o jornal.*

   (o telefone / tocar)   *O telefone tocou.*

   (ela / atender o telefone)   *Ela atendeu o telefone.*

2. (o João / dormir) _____
   (a mãe / entrar) _____
   (ele / levantar-se) _____

3. (o sr. Pinto / pintar a sala)_____
   (ele / cair do escadote) _____
   (ele / partir o braço) _____

4. (eles / jogar no jardim) _____
   (começar a chover) _____
   (eles / ir para casa) _____

5. (eu / ouvir música) _____
   (o chefe / chegar) _____
   (eu / desligar o rádio) _____

18.2. Faça frases com os verbos no **imperfeito** e **p.p.s.**.

1. (eles / chegar // a empregada / arrumar a casa)
   A empregada estava a arrumar a casa quando eles chegaram.
2. (O João / tomar duche // o telefone / tocar) _____
3. (chover // nós / sair de casa) _____
4. (os alunos / trabalhar // o professor / entrar) _____
5. (eu / ver televisão // os meus amigos / tocar à porta)_____
6. (eles / jogar futebol // começar a chover) _____
7. (nós / trabalhar // o computador / avariar-se) _____

18.3. Complete com o **imperfeito** ou **p.p.s.**.

1. *Estava a chover* (chover) quando (eu) _*saí*_ (sair) de casa.
2. O que é que *estavas a fazer* (fazer) quando te _*telefonei*_ (telefonar)?
3. Ontem à noite (eu) não _____ (ter) fome. Por isso, não _____ (comer) nada.
4. A Joana não _____ (estar) em casa quando eu lá _____ (ir).
5. O carteiro _____ (chegar) enquanto nós _____ (tomar) o pequeno-almoço.
6. Eu _____ (estar) atrasado, mas os meus amigos _____ (estar) à espera quando (eu) _____ (chegar).
7. Ele não _____ (ir) à festa. _____ (estar) doente.
8. O que é que vocês _____ (fazer) no fim-de-semana passado? (Nós) _____ (ir) ao cinema.
9. Ontem às 20h (eu) ainda _____ (trabalhar). (Eu) _____ (sair) do escritório às 22h.
10. Quando (nós) _____ (encontrar) a Ana, ela _____ (trazer) um vestido preto.
11. Enquanto (eu) _____ (tomar) café na esplanada, (eu) _____ (ouvir) um grande barulho. (Eu) _____ (levantar-se), _____ (olhar) à volta, mas não _____ (ver) nada.
12. Quando o João _____ (ser) pequeno, ele _____ (ser) gordo e _____ (usar) óculos.
13. A irmã dele, ao contrário, _____ (ser) muito magra e não _____ (ter) óculos.
14. Ele _____ (estar) com pressa quando (nós) _____ (falar) com ele.
15. Quando (eles) _____ (vir) para Lisboa, (eles) _____ (ver) um acidente na auto-estrada.

Unidade 19 Imperfeito de cortesia; imperfeito com valor de condicional

Queria um café, por favor.

Podia dizer-me as horas, por favor?

Gostava de viver num castelo.

- Usamos o **imperfeito**, forma de cortesia, para fazer delicadamente uma afirmação:

    — **Queria** falar com o Dr. Nunes, por favor.

    — Vamos ao cinema?
    — **Preferia** ir ao teatro.

    — **Queria** uma bica e um bolo, se faz favor.

- Usamos o **imperfeito**, forma de cortesia, para fazer delicadamente um pedido:

    — **Podia** dizer-me onde é a Av. da República?

    — **Trazia**-me um copo de água, por favor?

    — **Dizia**-me as horas, se faz favor?

- Usamos o **imperfeito** (=condicional) para expressar um desejo:

    — O meu filho **queria** ser médico.

    — **Gostava** de fazer uma grande viagem.

- Usamos o **imperfeito** (= condicional) para falar de acções pouco prováveis de acontecerem, porque a condição de que dependem não se realiza no presente.

    — Eu **ia** com vocês, mas infelizmente não tenho tempo.

    — Sem a tua ajuda, João, eu não **podia** acabar o trabalho a tempo.

Unidade 19   Exercícios

19.1. Complete as perguntas com o verbo no **imperfeito** (3ª pessoa singular).

1. _Podia_____ (poder) dizer-me onde ficam os Correios, por favor?
2. _____-nos (trazer) a lista, se faz favor?
3. _____-me (passar) o açúcar, por favor?
4. _____-me (dizer) as horas, por favor?
5. _____-me (dar) uma informação, por favor?

19.2. Complete com os verbos no **imperfeito**.

1. A Ana _gostava_ (gostar) de tirar um curso nos Estados Unidos.
2. A minha irmã mais nova _____ (querer) ser professora.
3. Eu _____ (ir) com vocês, mas tenho de estudar.
4. Nós não _____ (conseguir) encontrar a rua sem o mapa.
5. Hoje à noite (eu) _____ (preferir) ficar em casa.
6. De metro (tu) _____ (chegar) mais depressa.
7. Os meus filhos _____ (adorar) ir à Eurodisney!
8. Já são 19h. (Eu) _____ (querer) acabar o trabalho às 18h!
9. Ele _____ (ficar) muito contente com o teu telefonema.
10. Com a ajuda do professor _____ (ser) mais fácil resolver o exercício.
11. Com tanto calor _____-me (apetecer) uma cerveja!
12. O João _____ (gostar) de ir à festa no próximo sábado, mas provavelmente não pode.

19.3. Faça frases com os verbos no **imperfeito** (= condicional) e no **presente do indicativo**.

1. Não tenho tempo. Por isso não vou com vocês.
   _Ia com vocês, mas não tenho tempo._____
2. Tenho de estudar. Por isso não vou ao cinema.

   _____
3. Estou a fazer dieta. Por isso não como o bolo.

   _____
4. Eles não podem sair. Por isso não vão à festa.

   _____
5. Não tenho dinheiro. Por isso não faço a viagem.

   _____
6. O café faz-me mal. Por isso não tomo um café.

   _____

Unidade 20 Pretérito mais-que-perfeito composto do indicativo

O comboio partiu.

Nós chegámos à estação.

O comboio já **tinha partido** quando nós chegámos à estação.

ter (imperfeito) + particípio passado

eu	**tinha**	
tu	**tinhas**	
você		**chegado**
ele	**tinha**	
ela		**estado**
nós	**tínhamos**	
vocês		**ido**
eles	**tinham**	
elas		

- Usamos o **pretérito mais-que-perfeito composto do indicativo** para falar de acções passadas que aconteceram antes de outras também passadas:

```
              passado                    presente
- - - - - -|- - - - - -|- - - - - - - - - - - -|- - - - - -
      tinhas saído    telefonei-te
```

— Ontem telefonei-te, mas tu já **tinhas saído**.

— Quando eu cheguei à festa, o João já **tinha ido** para casa.

★ **Particípio passado regular:**

	Verbos terminados em:		
	-ar	**-er**	**-ir**
Infinito	fal~~ar~~	com~~er~~	part~~ir~~
Particípio passado	fal**ado**	com**ido**	part**ido**

★ **Particípio passado irregular:**

abrir	***aberto***	ganhar	***ganho***	pôr	***posto***
dizer	***dito***	gastar	***gasto***	ver	***visto***
escrever	***escrito***	limpar	***limpo***	vir	***vindo***
fazer	***feito***	pagar	***pago***		

Unidade 20 Exercícios

20.1. Complete com os verbos no **pretérito mais-que-perfeito composto**.

1. Não estavas em casa. (sair)
   Já *tinhas saído.*
2. O bebé não estava com fome. (comer)
   Já _____
3. Eles já não estavam em Portugal. (voltar para França)
   Já _____
4. A Ana estava no hospital. (ter um acidente)

   _____
5. Ele não estava cansado. (dormir 12 horas)

   _____
6. Não fui à festa. (combinar ir ao concerto)
   Já _____
7. O sr. Silva não sabia inglês. (aprender)
   Nunca_____
8. Não fomos ao cinema. (ver o filme)
   Já _____
9. Ela estava muito nervosa. (andar de avião)
   Nunca_____
10. Já não havia barulho. (as crianças ir para a cama)

    _____

20.2. Complete com os verbos no **pretérito mais-que-perfeito composto** e no **p.p.s.**.

1. Quando eu *cheguei* (chegar) a casa, a minha mãe já *tinha saído* (sair).
2. O filme já_____ (começar) quando nós _____ (entrar) na sala.
3. Quando eu me_____ (levantar), a empregada _____ (arrumar) tudo.
4. Nós já _____ (acabar) de jantar quando tu _____ (telefonar).
5. Quando nós _____ (encontrar) o João, ele já _____ (falar) com a Ana.

20.3. Complete com os verbos no **pretérito mais-que-perfeito composto** ou no **p.p.s.**.

1. Não tenho fome. Já *almocei* (almoçar).
2. Ele não tinha fome. Já *tinha almoçado* (almoçar).
3. Eles estavam muito cansados. Não _____ (dormir) nada.
4. Porque é que estás cansado? Não _____ (dormir)?
5. Peço desculpa pelo atraso, mas _____ (ter) um acidente com o carro.
6. Encontrei a Ana no hospital. Ela _____ (ter) um acidente com o carro.
7. Estou muito nervoso. Nunca _____ (andar) de avião.
8. Ele estava muito nervoso. Nunca _____ (andar) de avião.

45

Unidade 21 Pretérito perfeito composto do indicativo

Ultimamente **tenho trabalhado** muito.

Desde que a escola abriu **têm tido** muitas inscrições.

ter (presente) + particípio passado

eu	**tenho**	
tu	**tens**	
você		**falado**
ele	**tem**	
ela		**ido**
nós	**temos**	
vocês		**visto**
eles	**têm**	
elas		

- Usamos o **pretérito perfeito composto do indicativo** para falar de acções que começam no passado e se prolongam até ao momento presente.

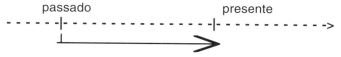

Desde que o bebé nasceu, ela **tem dormido** mal.

— Este ano **têm estudado** mais do que no ano passado.

— A Ana não vem trabalhar. **Tem estado** doente.

— Este ano **tem chovido** pouco.

— **Tens falado** com o João?
— Não. Não o **tenho visto**.

— Nestes últimos tempos o número de turistas no nosso país **tem aumentado**.

★ Colocação dos pronomes

Quando o verbo principal está no **particípio passado**, o pronome coloca-se antes ou depois do auxiliar, consoante a regra (unidade 14).

— Ultimamente eles <u>têm</u>-**se** <u>encontrado</u> muito.
— Ultimamente eles <u>não</u> **se** <u>têm encontrado</u>.

Unidade 21   Exercícios

21.1. Complete com os verbos no **pretérito perfeito composto**.

1. — (Tu) _Tens visto_ (ver) a nova série da televisão?
   — Não. (Eu) _Tenho tido_ (ter) muito trabalho ultimamente.
2. Ele não _____ (ir) à escola. _____ (estar) doente.
3. Estou mais gorda. _____ (ter) muito apetite.
4. Ultimamente nós não _____ (ir) ao cinema. Queres ir hoje?
5. Com o frio que _____(fazer), eles não _____ (sair) de casa.

21.2. Faça frases com os verbos no **pretérito perfeito composto**.

1. (ela / faltar às aulas)
   Ela tem faltado às aulas.
2. (eu / não / falar com eles / ultimamente)
   _____
3. (vocês / encontrar / o João?)
   _____
4. (ele / não / vir trabalhar)
   _____
5. (a tua equipa / ganhar muitos jogos?)
   _____
6. (nós / perder / quase todos os jogos)
   _____
7. (o tempo / estar óptimo)
   _____
8. (eles / ir à praia / todos os dias)
   _____
9. (nestes últimos anos / eu / não / ter férias)
   _____
10. (o meu marido / trabalhar muito)
   _____

21.3. Complete com o **pretérito perfeito composto** e o **p.p.s.**.

1. Desde que a escola _abriu_ (abrir), _têm tido_ (ter) muitas inscrições.
2. Ela não _____ (descansar) nada desde que o bebé _____ (nascer).
3. Desde que eu _____ (ir) ao médico, _____ (estar) melhor.
4. Desde que as férias _____ (acabar), eles _____ (ter) muito trabalho.
5. Eu não _____ (ver) a Ana desde que ela _____ (ficar) doente.
6. Desde que eles _____ (comprar) a vivenda, _____ (dar) muitas festas.
7. Desde que o Verão _____ (começar), _____ (fazer) imenso calor.
8. Desde que eu _____ (mudar) de casa, não _____ (encontrar) os meus amigos.
9. Nós não _____ (ir) ao cinema desde que _____ (casar-se).
10. Ela _____ (vir) de metro desde que a nova estação _____ (abrir).

47

Unidade 22 vou fazer, estou a fazer e acabei de fazer

Ela **vai fazer** o jantar.

Ela **está a fazer** o jantar.

Ela **acabou de fazer** o jantar.

Futuro próximo

	ir + infinitivo	
eu	**vou**	
tu	**vais**	
você		**comer**
ele	**vai**	
ela		**estudar**
nós	**vamos**	
vocês		**partir**
eles	**vão**	
elas		

Realização prolongada no presente

	estar a + infinitivo		
estou			
estás			
			falar
está			
		a	**ler**
estamos			
			ver
estão			

Passado recente

	acabar de + infinitivo		
acabei			
acabaste			
			chegar
acabou			
		de	**sair**
acabámos			
			vir
acabaram			

— Aonde vais?
— **Vou comprar** bilhetes para o cinema.

— O que é que a Ana **está a fazer**?
— **Está a pôr** a mesa.

— O Pedro já saiu?
— Já. **Acabou de sair**.

— Já são 9 horas e ainda não estás pronta.
— Pois não. **Vou chegar** atrasada.

— Ele está muito cansado. **Acabou de chegar** de viagem.

— Afinal não **vamos comprar** o carro.

— **Estás a fazer** muito barulho. Eles **estão a estudar**.

— **Vais convidar** o João para a festa?

— Eles **acabaram de entrar**. Ainda não despiram os casacos.

— Ontem ele foi visitar a igreja. Amanhã **vai visitar** o museu.

— Vou a pé para casa. O último autocarro **acabou de partir**.

Unidade 22   Exercícios

22.1. Faça frases com: **ir + infinitivo**, **estar a + infinitivo**, **acabar de + infinitivo**.

1. eu / ler o jornal
   Eu vou ler o jornal.
   Eu estou a ler o jornal.
   Eu acabei de ler o jornal.
2. ela / fazer os exercícios

3. o João / tomar duche

4. Eu e a Ana / pôr a mesa

5. eles / falar com o professor

22.2. Faça perguntas e dê as respostas.

1. (vocês / fazer / logo à noite)
   (ver o filme da televisão)
   O que é que vocês vão fazer logo à noite?
   Vamos ver o filme da televisão.
2. (a Ana / fazer / depois das aulas)
   (jogar ténis)

3. (tu / fazer / logo à tarde)
   (estudar português)

4. (nós / fazer / amanhã de manhã)
   (fazer compras)

5. (vocês / fazer / no próximo fim-de-semana)
   (passear até Sintra)

22.3. Responda às seguintes perguntas.

1. Quando é que voltaste? (chegar)
   Acabei de chegar.
2. Chegaram há muito tempo? (entrar)

3. O Pedro já acordou? (levantar-se)

4. Ela já está pronta? (vestir-se)

5. Quando é que eles voltaram? (chegar)

Unidade 23 Futuro imperfeito do indicativo

Ele tem 18 anos. No próximo ano **terá** 19 anos.

Elas viajam muito. Amanhã às 10h **estarão** em Paris.

Verbos regulares

	falar
eu	falar**ei**
tu	comer**ás**
você ele ela	partir**á**
nós	voltar**emos**
vocês eles elas	ficar**ão**

Verbos irregulares

dizer	fazer	trazer
direi	farei	trarei
dirás	farás	trarás
dirá	fará	trará
diremos	faremos	traremos
dirão	farão	trarão

— O Presidente **partirá** às 9h e **chegará** às 11h30 a Londres.

— Este ano no Verão fomos para Espanha. No próximo ano **iremos** para Cabo Verde.

— Ela diz que o médico **virá** por volta das 17h.

— **Terei** muito gosto na vossa visita.

— O João diz que **trará** presentes para todos.

— Ela tem medo de andar de avião. Diz que nunca **andará** de avião.

- Também usamos esta forma de **futuro** em frases **interrogativas** para exprimir **incerteza/desconhecimento** sobre situações presentes.

— Vamos hoje para o Porto. **Será** que está frio?

— Estão a tocar à campainha. Quem **será**?

— A Joana estuda muito, mas **passará** no exame?

— Ele não veio trabalhar. **Estará** doente?

Unidade 23 Exercícios

23.1. Complete com os seguintes verbos no **futuro**:

1. ir / eu _____
2. ter / tu _____
3. viajar / você _____
_____
4. partir / ele _____
5. fazer / eu _____
6. dizer / nós _____
7. trazer / ela _____
8. ser / eles _____
9. vir / vocês _____
10. sair / eu _____
11. falar / tu e eu ____
_____
12. comer / eu e ela
_____
13. ouvir / elas _____
14. ver / tu _____
15. pôr / você _____
16. poder / eu _____

23.2. A Joana é hospedeira e viaja muito. Faça frases com os verbos no **futuro**.

1. (amanhã às 10h / partir para Madrid)
Amanhã às 10h partirá para Madrid.
2. (ficar lá dois dias)
_____
3. (no dia 18 / chegar a Paris)
_____
4. (cinco dias depois / viajar para Viena)
_____
5. (de Viena / ir para Roma)
_____
6. (no dia seguinte / partir para Atenas)
_____

23.3. Complete com os verbos no **futuro**.

1. Não fumo nem nunca *fumarei.* _____
2. Ele não é bom aluno nem nunca _____
3. Não falo com ela nem nunca _____
4. Não gosto de teatro nem nunca _____
5. Não faço isso nem nunca _____

23.4. Complete as frases com os verbos no **futuro**:

1. Esta semana o Presidente *iniciará* _____ (iniciar) a habitual visita pelo país.
2. O Presidente _____ (começar) amanhã a sua viagem por Portugal. Primeiro _____ (visitar) o norte.
3. Depois, _____ (estar) na região centro durante uma semana.
4. Finalmente _____ (ir) para o sul, onde _____ (ficar) cerca de cinco dias.
5. Na próxima semana _____ (ter) encontros com os dirigentes da Madeira e dos Açores.

23.5. Complete as frases interrogativas com os verbos no **futuro**.

1. Hoje está muito frio. _____ (ser) que vai nevar?
2. O professor não vem às aulas. _____ (estar) doente?
3. O telefone está a tocar. _____ (ser) o Pedro?
4. Eles têm estudado muito, mas _____ (passar) no exame?
5. É meia-noite. O café ainda _____ (estar) aberto?

Unidade 24   Condicional presente

Esta casa é maravilhosa.
Não me **importaria** nada.
de viver aqui

Ele abriu uma pequena loja em 1988.
Dois anos mais tarde **seria** dono de uma
grande cadeia de supermercados.

Verbos regulares

	falar
eu	falar*ia*
tu	falar*ias*
você ele ela	falar*ia*
nós	falar*íamos*
vocês eles elas	falar*iam*

Verbos irregulares

	dizer	fazer	trazer
	diria	faria	traria
	dirias	farias	trarias
	diria	faria	traria
	diríamos	faríamos	traríamos
	diriam	fariam	trariam

- Usamos o **condicional** para:

  - falar de acções pouco prováveis de acontecerem porque a condição de que dependem não se realiza no presente; *
  - expressar desejos; *
  - formular pedidos (forma de cortesia); *
  - sugerir; *
  - indicar acções posteriores à época de que se fala (mais comum na linguagem escrita).

    — **Gostaria** de ir com vocês, mas infelizmente não posso.

    — **Daria** tudo para não ter exame amanhã.

    — **Poderia** dizer-me as horas, por favor?

    — **Deveríamos** convidar os pais, não achas?

    — Começou como ajudante e mais tarde **seria** promovido a chefe.

* **N.B.:** Nestes casos o **condicional** pode ser substituído pelo **pretérito imperfeito do indicativo**, forma mais coloquial.

Unidade 24   Exercícios

24.1. Complete com o verbo no **condicional**.

1. dar / nós _____
2. ser / tu _____
3. fazer / ele _____
4. poder / você _____
5. ir / eu _____
6. ler / você _____
7. trazer / tu _____
8. estar / ela _____
9. ver / eles _____
10. dizer / nós _____
11. vir / você _____
12. falar / eu _____
13. ter / tu e a Ana ____
14. pôr / ela _____
15. ouvir / vocês _____
16. chegar / eu e tu ___

24.2. Substitua os verbos no *imperfeito* pelo **condicional**.

1. Nós *íamos* ao cinema, mas infelizmente não temos tempo.
   Nós iríamos ao cinema, mas infelizmente não temos tempo.
2. *Dava* tudo para ter um autógrafo dela.

3. *Podia* dar-me uma informação?

4. Vocês *deviam* falar com o médico.

5. Eu *gostava* de trocar de carro.

6. De táxi *era* mais rápido.

7. Sem a ajuda dos amigos, a casa não *estava* pronta.

8. *Podíamos* ir a um restaurante chinês.

9. Ela *adorava* morar perto da praia.

10. Não *era* melhor comprar já os bilhetes?

11. Eu não me *importava* de fazer o trabalho, mas hoje não posso.

24.3. Complete com os verbos no **condicional**.

1. Fiz isso e *faria* _____ outra vez.
2. Fui a casa deles e _____ outra vez.
3. Paguei o jantar e _____ outra vez.
4. Gastei o dinheiro todo e _____ outra vez.
5. Falei com o chefe e _____ outra vez.
6. Fui empregada doméstica e _____ outra vez.
7. Já vi o filme e _____ outra vez.
8. Li o livro todo e _____ outra vez.
9. Disse mal deles e _____ outra vez.
10. Contei o segredo à Ana e _____ outra vez.

Unidade 25   Artigos definidos e indefinidos

— **O** Pedro tem **uma** irmã.
— **A** irmã do Pedro chama-se Ana.
— **O** sr. Ramos comprou **um** carro novo.
— **O** carro d**o** sr. Ramos tem ar condicionado.
— **Os** livros estão n**a** estante.
— **As** colegas d**a** Joana vão a**o** cinema.
— Encontrei **uns** óculos n**o** café.

Artigos definidos		
	masculino	feminino
singular	*o*	*a*
plural	*os*	*as*

Artigos indefinidos		
	masculino	feminino
singular	*um*	*uma*
plural	*uns* *	*umas* *

* No plural tem uso restrito.

• O **artigo, definido** e **indefinido,** precede o substantivo e concorda com ele em género e número.

• Usamos o **artigo definido** com:

- **nomes próprios:**   A Carolina e **o** Diogo são amigos
- **estações do ano:**   O Verão é a estação mais quente do ano.
- **datas festivas:**   Eles passam **o** Natal e **a** Páscoa com a família.
- **continentes:**   Portugal é o país mais ocidental d**a** Europa.
- **nomes de países:**   O Brasil; **os** Estados Unidos; **a** Guiné Bissau; **a** Suíça, etc.
- **alguns nomes de cidades:** O Rio de Janeiro; **o** Porto, **o** Funchal, etc.
- **possessivos:**   Este é **o** meu livro, **o** teu está ali.

• **Não** usamos o **artigo definido** antes de:

- **meses:**   Estamos em Janeiro.
- **datas:**   É dia 1 de Janeiro.
- **vocativos:**   Olá Pedro!
- **alguns nomes de países:**   Portugal, Angola, Moçambique, Cabo Verde, São Tomé e Príncipe, Marrocos, Israel, etc.
- **nomes de cidades:**   Lisboa, Paris, Londres, Madrid, Maputo, Luanda, Macau, Nova Iorque, etc.

Unidade 25   Exercícios

25.1. Complete com os **artigos definidos**.

1. _o_ lápis	11. _o_ homem	21. _o_ pai	31. _as_ calças
2. ____ canetas	12. ____ mulher	22. ____ mãe	32. ____ casaco
3. ____ borracha	13. ____ senhor	23. ____ filho	33. ____ saia
4. ____ livros	14. ____ senhora	24. ____ filha	34. ____ vestido
5. ____ pasta	15. ____ rapaz	25. ____ irmão	35. ____ camisa
6. ____ cadeiras	16. ____ rapariga	26. ____ irmã	36. ____ sapatos
7. ____ mesa	17. ____ menino	27. ____ tio	37. ____ blusa
8. ____ quadro	18. ____ menina	28. ____ tia	38. ____ lenço
9. ____ janelas	19. ____ amigo	29. ____ avô	39. ____ gravata
10. ____ porta	20. ____ amiga	30. ____ avó	40. ____ cinto

25.2. Complete com os **artigos indefinidos**.

1. _uma_ árvore	4. ____ casa	7. ____ país	10. ____ viagem
2. ____ rua	5. ____ apartamento	8. ____ cidade	11. ____ passeio
3. ____ carro	6. ____ vivenda	9. ____ vila	12. ____ férias

25.3. Complete com os **artigos definidos** ou **indefinidos**.

1. Lisboa é _uma_ cidade bonita.
2. Nunca visitei _____ Ásia.
3. Tenho _____ avó com 90 anos.
4. _____ Primavera é a estação das flores.
5. Onde é que vais passar _____ o Carnaval?
6. Podia dar-me _____ informação, por favor?
7. Eles foram de férias para _____ Brasil.
8. _____ Pedro e _____ Ana são amigos.
9. Escrevi _____ carta ao Pedro, mas ele não recebeu _____ minha carta.
10. Portugal é _____ país da Comunidade Europeia.
11. Comprei _____ calças e _____ sapatos em saldo.
12. _____ férias grandes estão a chegar.
13. Hoje vamos a _____ restaurante chinês.
14. Eles têm dois filhos: _____ rapaz e _____ rapariga.
15. _____ rapaz chama-se Miguel e _____ rapariga chama-se Margarida.
16. Queria _____ café, por favor.

Unidade 26 Demonstrativos invariáveis; advérbios de lugar

- **Isto**, **isso**, **aquilo** são **demonstrativos invariáveis** e usam-se para pedir a identificação de objectos ou para identificar objectos.

Isto	é	um livro
		uma caneta
	são	livros
		canetas

— O que é **isto**?
— **Isso** é um livro.

Isso	é	um livro
		uma caneta
	são	livros
		canetas

— O que é **isso**?
— **Isto** é uma caneta.

Aquilo	é	um livro
		uma caneta
	são	livros
		canetas

— O que é **aquilo**?
— **Aquilo** é um carro.

- **Isto** está perto da pessoa que fala (**eu**).
- **Isso** está perto da pessoa com quem se fala (**tu**).
- **Aquilo** está afastado do **eu** e do **tu.**

- **Aqui**, **aí**, **ali** são **advérbios** que indicam o **lugar** e podem ser usados com os demonstrativos.

  - **Aqui** indica que o objecto está perto da pessoa que fala (**eu**).
  - **Aí** indica que o objecto está perto da pessoa com quem se fala (**tu**).
  - **Ali** indica que o objecto está afastado do **eu** e do **tu.**

Unidade 26   Exercícios

26.1. Complete com **isto**, **isso**, **aquilo**.

1. _Isto_ aqui é um livro.
2. _____ aí é uma cadeira.
3. _____ ali é uma porta.
4. _____ aí são canetas.
5. _____ ali é o quadro.
6. _____ aqui é o dicionário de português.

7. _____ aqui é uma pasta.
8. _____ ali é a escola.
9. _____ aqui são lápis.
10. _____ aí é uma borracha.
11. _____ aqui são livros.
12. _____ aí é uma janela.

26.2. Complete as respostas com **isto**, **isso**, **aquilo**.

1. — O que é **isto**?
   — _Isso_ é um lápis.
2. — O que é **aquilo**?
   — _____ são dicionários.
3. — O que é **isso**, Ana?
   — _____ são os livros de português.
4. — O que é **aquilo** ali?
   — _____ são cassetes.
5. — O que é **isto**?
   — _____ é uma borracha.
6. — O que é **aquilo**?
   — _____ é a porta.

7. — O que é **isso** aí?
   — _____ é uma cadeira.
8. — O que é **aquilo** ali?
   — _____ é a escola.
9. — O que é **isto** aqui?
   — _____ são óculos.
10. — O que é **isso**?
    — _____ são canetas.
11. — O que é **isto**?
    — _____ é o quadro da sala.

26.3. Complete as respostas. Use **isto**, **isso**, **aquilo**, o *presente do indicativo* do verbo **ser** e os **artigos definidos** e **indefinidos**.

1. — O que é isto? (livro)
   — _Isso é um livro._
2. — O que é aquilo? (escola de português)
   — _____.
3. — O que é isto? (quadro da sala)
   — _____.
4. — O que é isso? (borracha)
   — _____.
5. — O que é isto? (canetas)
   — _____.

6. — O que é isto? (livros)
   — _Isso são livros._
7. — O que é isso? (janela)
   — _____.
8. — O que é isto? (dicionário)
   — _____.
9. — O que é aquilo? (pasta do professor)
   — _____.
10. — O que é isso? (caneta)
    — _____.

Unidade 27   Demonstrativos variáveis

singular		plural	
masculino	**feminino**	**masculino**	**feminino**
este livro	**esta** caneta	**estes** livros	**estas** canetas
esse livro	**essa** caneta	**esses** livros	**essas** canetas
aquele livro	**aquela** caneta	**aqueles** livros	**aquelas** canetas

- **Este**, **esse**, **aquele**, etc. usam-se com os substantivos ou substituem os substantivos a que se referem.
- **Este**, **esse**, **aquele**, etc. concordam em género e número com os substantivos a que se referem.
- **Este** (+substantivo) indica que o objecto está perto da pessoa que fala (**eu**).
- **Esse** (+substantivo) indica que o objecto está perto da pessoa com quem se fala (**tu**).
- **Aquele** (+substantivo) indica que o objecto está afastado do **eu** e do **tu**.

    — **Este** hotel é caro. **Aquele** é mais barato e também é bom.

    — Quem é **aquela** rapariga?

    — Desculpe, **esta** é a Av. da República?

    — **Essa** caneta não escreve. Usa **esta**.

    — **Esses** sapatos são novos?
    — Não. Já comprei **estes** sapatos no mês passado.

    — **Este** quadro é bonito, não achas Ana?
    — **Aquele** ali é mais bonito.

Unidade 27   Exercícios

27.1. Complete com **este**, **esta**, **estes** ou **estas**.

1. _estas_ pessoas	4. _____ casa	7. _____ sala	10. _____ mulher
2. _____ rapaz	5. _____ árvores	8. _____ quadro	11. _____ professor
3. _____ carro	6. _____ óculos	9. _____ livros	12. _____ raparigas

27.2. Complete com **esse**, **essa**, **esses** ou **essas**.

1. _esse_ dicionário	4. _____ bolos	7. _____ escola	10. _____ flores
2. _____ canetas	5. _____ homem	8. _____ cadeiras	11. _____ rua
3. _____ café	6. _____ calças	9. _____ apartamento	12. _____ jardim

27.3. Complete com **aquele**, **aquela**, **aqueles** ou **aquelas**.

1. _aquelas_ crianças	4. _____ alunos	7. _____ caneta	10. _____ país
2. _____ bicicleta	5. _____ borrachas	8. _____ pássaros	11. _____ cidades
3. _____ táxi	6. _____ filme	9. _____ lugar	12. _____ viagem

27.4. Complete com **este**, **esse**, **aquele**, etc.

1. — O que é isto? (bolo / de chocolate)
   — Isso é um bolo. _Esse bolo é de chocolate._ _____
2. — O que é aquilo? (flores / artificiais)
   — Aquilo são flores. _____
3. — O que é isso? (presente / para o professor)
   — Isto é um presente. _____
4. — O que é isto? (óculos / da Ana)
   — Isso são óculos. _____
5. — O que é aquilo? (supermercado / novo)
   — Aquilo é um supermercado. _____

27.5. Complete com **este(s)**, **esta(s)**; **esse(s)**, **essa(s)**.

1. _Essa_ caneta não escreve. Usa _esta._
2. _____ dicionário não é bom. Toma _____.
3. _____ óculos são muito escuros. Põe _____.
4. _____ camisola é pouco quente. Veste _____.
5. _____ telefone não funciona. Usa _____.
6. _____ raqueta não é boa. Joga com _____.
7. _____ bolo não está bom. Prova _____.
8. _____ batatas estão frias. Come _____.
9. _____ vestido não é bonito. Compra _____.
10. _____ cerveja não está fresca. Bebe _____.

Unidade 28 Possessivos

| eu - - - -> | meu(s) |
| | minha(s) |

Eu tenho um irmão e uma irmã.
O meu irmão chama-se João.
A minha irmã chama-se Ana.
Os meus irmãos estão na escola.

| tu - - - -> | teu(s) |
| | tua(s) |

Tu tens um amigo francês e duas amigas inglesas.
O teu amigo está em Portugal.
As tuas amigas estão em Portugal.

| você - -> | seu(s) |
| | sua(s) |

O sr. Marques foi buscar o carro à garagem.
— **O seu** carro já está pronto. Tem aqui **as suas** chaves, sr. Marques.

| nós - -> | nosso(s) |
| | nossa(s) |

Nós andamos na escola.
A nossa escola é moderna.
Os nossos professores são muito simpáticos.

| vocês - -> | vosso(s) |
| | vossa(s) |

O João está a falar com o Pedro e com a Ana:
— Encontrei **os vossos** pais no cinema.

— De quem é esta caneta?
— É **tua**. **A minha** caneta está na mala.

— De quem são estes livros?
— São **meus**. **Os teus** estão na sala.

— Este jornal é **seu**, sr. Marques?
— É **meu**, mas pode ler.

— Aquele é **o vosso** carro?
— Não. **O nosso** está na garagem.

ele (o Paulo) -> dele

A bicicleta **dele** (do Paulo)

O relógio **dele** (do Paulo)

As calças **dele** (do Paulo)

Os óculos **dele** (do Paulo)

ela (a Joana) -> dela

Os pais **dela** (da Joana)

As canetas **dela** (da Joana)

O vestido **dela** (da Joana)

A avó **dela** (da Joana)

eles (o sr. e a sra. Oliveira) -> deles

O carro **deles** (do sr. e da sra. Oliveira)

A casa **deles** (do sr. e da sra. Oliveira)

Os filhos **deles** (do sr. e da sra. Oliveira)

As malas **deles** (do sr. e da sra. Oliveira)

elas (a Joana e a Ana) -> delas

A escola **delas** (da Joana e da Ana)

O dicionário **delas** (da Joana e da Ana)

Os namorados **delas** (da Joana e da Ana)

As casas **delas** (da Joana e da Ana)

Unidade 28   Exercícios

28.1. Responda às seguintes perguntas:

1. — De quem é esta bola? (eu)
   — *É minha.*
2. — De quem são estes óculos? (ele)
   — *São dele.*
3. — De quem é aquele dicionário? (vocês)
   — _____.
4. — De quem são estas flores? (eu)
   — _____.
5. — De quem é esse lápis? (tu)
   — _____.
6. — De quem são estas revistas? (ela e ele)
   — _____.

7. — De quem são essas malas? (nós)
   — _____.
8. — De quem é este bolo? (ela)
   — _____.
9. — De quem são aquelas canetas? (tu e você)
   — _____.
10. — De quem é esta chave? (ele)
    — _____.
11. — De quem é este café? (você)
    — _____.
12. — De quem são estes chocolates? (eu e tu)
    — _____.

28.2. Complete as seguintes frases:

1. Vi a Patrícia com o marido *dela*____.
2. Vi o sr. Marques com a mulher _____.
3. Vi a Ana com o namorado _____.
4. Vi o João e o Miguel com os pais _____.
5. Vi o Pedro com os filhos _____.
6. Vi a Joana e a Paula com os amigos _____.

28.3. Use os **possessivos**.

1. Nós temos um apartamento.
   É o nosso apartamento.
2. Ele comprou uma máquina fotográfica.
   É a máquina fotográfica dele.
3. Você tem um carro.
   É _____.
4. Eu ando numa escola.
   É _____.
5. Eu e tu dormimos no mesmo quarto.
   É _____.
6. Ela comprou uma mala.
   É _____.
7. Tu e o Pedro têm muitos amigos.
   São _____.
8. A Ana e a Paula já têm namorados.
   São _____.

9. Você tem muitas canetas.
   São _____.
10. O sr. Marques está no escritório.
    É _____.
11. Vocês têm muitos livros.
    São _____.
12. Eu e o meu irmão ainda temos avós.
    São _____.
13. Tu tens uma casa nova.
    É _____.
14. Eles têm dois filhos.
    São _____.
15. Tu e a tua irmã têm um dicionário.
    É _____.
16. Nós temos uma filha.
    É _____.

Unidade 29 Discurso directo e indirecto

O João disse que **estava** doente e que não **ia** à escola.

Eles disseram que já **tinham visto** o filme.

Ele disse que **teria** muito gosto em trabalhar **com eles.**

		Discurso directo	Discurso indirecto
Tempos verbais		Presente	Imperfeito
		Pretérito perfeito simples Pretérito perfeito composto	Pretérito mais-que-perfeito composto
		Futuro imperfeito	Condicional presente
Advérbios/ expressões de	lugar	aqui	ali
		cá	lá
	tempo	ontem	no dia anterior
		hoje	nesse dia/naquele dia
		amanhã	no dia seguinte
		na próxima semana	na semana seguinte
Pessoais/Possessivos		1.ª e 2.ª pessoa	3.ª pessoa
Demonstrativos		este / esse	aquele
		isto / isso	aquilo

No fim-de-semana passado a Ana encontrou o João numa festa.

Verbos introdutórios para o discurso indirecto:
dizer / contar / perguntar / responder / querer saber

- O João perguntou à Ana se ela **tomava** uma bebida.
- O João disse à Ana que a festa **estava** muito animada.
- O João perguntou à Ana se ela **queria** dançar.
- O João perguntou à Ana se **tinha visto** o Pedro.
- O João contou à Ana que *na semana seguinte* **ia** de férias para o Algarve.
- O João perguntou à Ana como **iam** as aulas *dela*.
- O João disse à Ana que **tinha entrado** para a universidade e que **gostava** muito do curso *dele*.

Unidade 29   Exercícios

29.1. Ontem à tarde você encontrou a Paula, uma amiga sua, que lhe contou muitas coisas.

1. Estou a viver em casa dos meus pais.
2. No próximo mês vou mudar para um apartamento novo.
3. Vou casar-me na próxima semana.
4. Não tenho tempo para preparar nada.
5. Tirei uns dias de férias para tratar de tudo o que é necessário.
6. Queres vir jantar a minha casa?
7. O meu futuro marido também irá ao jantar.
8. Ele trabalha com computadores.
9. Já fizemos os planos para a lua-de-mel.
10. Vamos fazer um cruzeiro pelo Mediterrâneo.
11. Partiremos logo a seguir ao casamento.
12. Claro que estás convidada para a festa!

À noite, você está a conversar com outra amiga e conta-lhe tudo o que a Paula disse.

1. A Paula disse-me que *estava a viver em casa dos pais dela.*

2. Ela disse que _____

3. Ela disse que _____

4. Ela queixou-se que _____

5. Ela contou-me que _____

6. Ela perguntou-me se _____

7. Ela disse-me que _____

8. Ela contou-me que _____

9. Ela disse-me que _____

10. Ela disse-me que _____

11. Ela contou-me que _____

12. Ela disse-me que _____

29.2. Imagine que um amigo seu lhe diz uma coisa e que depois diz exactamente o contrário.

Use verbos de opinião como: | **pensar que** | **julgar que** |

1. — Este restaurante é caro.

   — *Pensei que tinhas dito que não era caro.*

2. — Não vou ao cinema.

   — *Julguei que* _____

3. — O filme foi bom.

   — _____

4. — A Ana gosta do João.

   — _____

5. — Eles vão casar-se.

   — _____

6. — Nunca tomo café.

   — _____

7. — Não quero falar com eles.

   — _____

8. — Não posso ir à festa.

   — _____

9. — Hoje à noite fico em casa.

   — _____

10. — Chumbei no exame.

   — _____

11. — O empregado é simpático.

   — _____

12. — Paguei o almoço.

   — _____

13. — Gastei o dinheiro todo.

   — _____

Unidade 30 Infinitivo pessoal

Ele disse-lhes *para* **levarem** os casacos.

Ele comprou um livro *para* o filho **ler**.

eu	chegar
tu	falar**es**
você ele ela	ler
nós	ir**mos**
vocês eles elas	ser**em**

- Forma-se o **infinitivo pessoal** a partir do infinitivo de qualquer verbo mais as terminações **-es** (2ª pessoa do singular), **-mos** (1ª pessoa do plural) e **-em** (3ª pessoa do plural).

- Usamos estas formas depois de:

  - *expressões impessoais*

    É melhor vocês **levarem** os casacos.
    É preciso **ires** ao supermercado.
    É agradável **estarmos** na esplanada.

  - *preposições*

    Ao **ouvir** as notícias, o Pedro ficou preocupado. (= Quando o Pedro ouviu as notícias, ...)
    Comprei bilhetes *para* **irmos** ao cinema.
    Não te convidei, João, *por* **estares** doente.
    Não saiam de casa *sem* eu **chegar**.
    Eu espero *até* vocês **acabarem** o trabalho.

  - *locuções prepositivas*

    Li o livro *antes de* **ver** o filme.
    Apesar de **serem** muito ricos, não gostam de gastar dinheiro.
    No caso de **querer** mais informações, sr. Marques, telefone-me.
    Depois de **estudares** tudo, podes sair.

Unidade 30   Exercícios

30.1. Complete com os verbos no **infinitivo pessoal**.

1. Fomos visitar a Ana por ela *estar* (estar) doente.
2. Depois de _____ (pensar), decidimos não fechar o negócio.
3. Quero acabar o bolo antes de _____ (chegar) os convidados.
4. Depois de vocês _____ (partir), arrumo a casa.
5. Apesar de _____ (estar) com sono, não conseguiram dormir.
6. Não é muito provável eles _____ (aceitar) o trabalho.
7. Até nós _____ (encontrar) o dinheiro, ninguém sai da sala.
8. É perigoso _____ (tomar) banho neste rio, meninos.
9. Fui de táxi para não _____ (chegar) tarde.
10. O Pedro e a Ana estão a aprender inglês para _____ (ir) para os Estados Unidos.
11. Sem _____ (saber) línguas, não podem concorrer ao lugar.
12. Esperem aqui até eu _____ (voltar).
13. Depois de _____ (comer), sentes-te melhor.
14. Sem _____ (provar) o bolo, não podes dizer se é bom ou mau.
15. A Joana ficou muito contente ao _____ (receber) o presente.

30.2. Ligue as frases com as palavras entre parênteses. Faça as alterações necessárias.

1. Ele vai ao cinema. Primeiro acaba o trabalho. (depois de)
   Ele vai ao cinema depois de acabar o trabalho.
2. Não posso ir. Telefono-lhe. (no caso de)
   _____
3. Não me sinto bem, mas vou trabalhar. (apesar de)
   _____
4. Vais às compras. Depois vens logo para casa. (depois de)
   _____
5. Primeiro têm de lavar as mãos. Depois comem o bolo. (antes de)
   _____
6. Acabas o trabalho. Depois fechas a luz. (depois de)
   _____
7. Ele tem um bom emprego, mas não está satisfeito. (apesar de)
   _____
8. Vocês vêem o filme. Primeiro deviam ler o livro. (antes de)
   _____
9. Não temos aulas. Vamos ao museu. (no caso de)
   _____
10. Eles saem. Eu arrumo a casa. (depois de)
    _____

30.3. Complete as frases com as preposições listadas e com os verbos no **infinitivo pessoal**.

ao	até	para	por	sem

1. *Ao* _____ *entrarem* (entrar) em casa, viram que estava tudo desarrumado.
2. Não falem com o professor _____ eu _____ (chegar).
3. Comprei bilhetes _____ nós _____ (ir) ao concerto.
4. Ela não foi trabalhar _____ _____ (estar) doente.
5. _____ vocês _____ (ver) o filme, não podem fazer críticas.
6. As crianças ficaram contentíssimas _____ _____ (abrir) os presentes.

Unidade 31 Imperativo

Verbos regulares / forma afirmativa

Presente do Indicativo		-ar falar
ele **fala**	→	***Fala*** baixo! (informal/singular)
eu **fal**ø	→	**Fal**e baixo! (formal/singular)
		Falem baixo! (informal e formal/plural)

Presente do Indicativo		-er / -ir comer / abrir
ele **come** ele **abre**	→ →	***Come*** a sopa! ***Abre*** a janela! (informal/singular)
eu **com**ø eu **abr**ø	→ →	**Com**a a sopa! **Abr**a a janela! (formal/singular)
		Comam a sopa! **Abr**am a janela! (informal e formal/plural)

Verbos regulares / forma negativa

-ar / falar		er / -ir comer / abrir
Não **fales** alto! (informal / singular)	= formal singular + s =	Não **comas** doces! Não **abras** a janela! (informal / singular)
Não **fale** alto! (formal / singular)		Não **coma** doces! Não **abra** a janela! (formal / singular)
Não **falem** alto! (informal e formal/plural)		Não **comam** doces! Não **abram** a janela! (informal e formal/plural)

- No **imperativo negativo** só é **diferente** a forma usada para o tratamento **informal no singular (tu)**. Todas as outras — tratamento formal no singular (você) e tratamento informal e formal no plural (vocês; os senhores; as senhoras) — são iguais na afirmativa e negativa.

Verbos irregulares / forma afirmativa e negativa

	Singular			Plural
	informal		formal	informal e formal
	afirmativo	negativo	afirmativo e negativo	afirmativo e negativo
ser estar dar ir	**sê** está dá vai	não **sejas** não **estejas** não **dês** não **vás**	(não) **seja** (não) **esteja** (não) **dê** (não) **vá**	(não) **sejam** (não) **estejam** (não) **dêem** (não) **vão**

- Usamos as formas do **imperativo** para:

dar ordens	→	— **Feche** a porta, por favor.
dar conselhos	→	— **Não fumes** tanto.
dar sugestões	→	— **Vão** de táxi. É mais rápido.

Unidade 31   Exercícios

31.1. Complete com as formas correctas dos verbos no **imperativo**.

vestir

1. (tu) *Veste* _____ o casaco.
2. (você) *Vista* _____ a camisola.
3. (vocês) *Vistam* _____ os casacos.

ler

4. (tu) _____ o jornal.
5. (você) _____ o livro.
6. (vocês) _____ as instruções.

pôr

7. (tu) _____ a mesa.
8. (você) _____ a camisola.
9. (vocês) _____ as camisolas.

fazer

10. (tu) _____ o trabalho.
11. (você) _____ o almoço.
12. (vocês) _____ os exercícios.

trazer

13. (tu) _____ o livro.
14. (você) _____ o dicionário.
15. (vocês) _____ os documentos.

despir

16. (tu) _____ a camisola.
17. (você) _____ a gabardina.
18. (vocês) _____ os casacos.

ir

19. (tu) _____ ao supermercado.
20. (você) _____ aos correios.
21. (vocês) _____ falar com o professor.

vir

22. (tu) _____ a minha casa.
23. (você) _____ a Lisboa.
24. (vocês) _____ cá a casa.

31.2. O Miguel tem 5 anos e faz muitos disparates. A mãe está a dar-lhe algumas ordens:

1. Miguel, não *dispas* (despir) a camisola. Está muito frio.
2. Não _____ (falar) alto. Os teus irmãos estão a estudar.
3. Não _____ (comer) tantos chocolates!
4. Não _____ (tirar) os sapatos.
5. Não _____ (sujar) o chão.
6. Não _____ (partir) o copo.
7. Não _____ (escrever) na parede.
8. Não _____ (dizer) asneiras.
9. Não _____ (fazer) barulho.
10. Não _____ (entornar) o leite.
11. Não _____ (dar) pontapés à tua irmã.

31.3. Complete as frases com os verbos no **imperativo**.

1. — Está muito calor aqui. (tu/abrir a janela)
   — *Abre a janela.* _____
2. — Onde ficam os Correios, por favor?
   (o senhor/virar à esquerda)
   — _____
3. — Estou com fome. (tu/comer uma sandes)
   — _____
4. — Precisas de ajuda? (tu/pôr a mesa)
   — _____, por favor.

5. — Tenho frio. (você/vestir o casaco)
   — _____
6. — Temos sede. (vocês/beber um sumo)
   — _____
7. — Não compreendo este texto.
   (tu/ver as palavras no dicionário)
   — _____
8. — Como é que o vídeo funciona?
   (você/ler as instruções)
   — _____

Unidade 32 Comparativos

O Paulo é **tão** alto **como** o João.
O Pedro é **mais** alto **do que** os amigos.
O Paulo e o João são **menos** altos **do que** o Pedro.

Normal	COMPARATIVO		
	Superioridade	Igualdade	Inferioridade (*)
alto	*mais* alto **do que**	*tão* alto **como**	*menos* alto **do que**
longe	*mais* longe **do que**	*tão* longe **como**	*menos* longe **do que**
bom / bem	*melhor* **do que**	*tão* bom **como** *tão* bem **como**	*menos* bom **do que** *menos* bem **do que**
grande	*maior* **do que**	*tão* grande **como**	*menos* grande **do que**
mau / mal	*pior* **do que**	*tão* mau **como** *tão* mal **como**	*menos* mau **do que** *menos* mal **do que**

* É pouco usado.

— Ontem o tempo estava **mau**. Hoje ainda está **pior**.

— Levanto-me sempre **cedo**, mas anteontem ainda me levantei **mais *cedo* do que** habitualmente.

— Sentes-te **bem**?
— Hoje sinto-me **melhor**.

— Eles têm muitos filhos. Vão comprar um carro **maior**.

— O Inverno em Portugal é **menos *frio* do que** na Alemanha.

— A minha mala está **mais *pesada* do que** a tua.

— Estes sapatos são **mais *caros* do que** aqueles.

— Neste prédio os andares do lado direito são **maiores do que** os do lado esquerdo.

— O concurso foi **tão *bom* como** o da semana passada.

— O concerto não foi **tão *bom* como** diziam.

— A vida no campo não é **tão *agitada* como** na cidade.

— Ele está **tão *alto* como** o pai.

Unidade 32   Exercícios

32.1. Complete as frases com os **adjectivos/advérbios** na forma correcta.

1. Se eu tenho 20 anos e tu tens 21, então tu és _mais velho do que eu._ (velho).
2. Se a igreja foi construída em 1570 e o museu em 1870, então a igreja é _____ (antigo).
3. Se as minhas calças custaram 49.88 € e as tuas 74.82 €, então as tuas foram _____ (caro).
4. Se hoje estão 7 graus e ontem estiveram 10, então hoje está _____ (frio).
5. Se o Pedro nasceu em 1965 e o irmão nasceu em 1960, então o Pedro é _____ (novo).
6. Se este jardim tem 100 m2 e aquele tem 150 m2, então aquele é _____ (grande).
7. Se de metro demoro 10 minutos até à escola e de autocarro demoro 30 minutos, então o metro é _____ (rápido).
8. Se aqueles sapatos custam 59.86 € e estes custam 44.89 €, então estes sapatos são _____ (barato).
9. Se a Ana tem 1,65m e a Joana tem 1,70m, então a Ana é _____ (baixo).
10. Se eu me levanto às 7 horas e tu te levantas às 8 horas, então eu levanto-me _____ (cedo).

32.2. Complete as frases com os **adjectivos/advérbios** contrários na forma correcta.

1. Este restaurante é muito caro. Vamos a outro _mais barato._ _____
2. Estes sapatos estão muito pequenos. Não tem outros _____?
3. Este texto é muito difícil. Não há outro _____?
4. Ontem senti-me mal. Hoje já estou _____.
5. O supermercado fica muito longe. Não há uma mercearia _____?
6. O exame de matemática não me correu bem. O exame de física ainda foi_____.
7. Esta régua é muito curta. Preciso de uma_____.
8. Esta caixa é muito pesada para ti. Leva aquela que é _____.
9. No ano passado a Ana estava muito gorda. Agora está _____.
10. Ele é muito baixo para jogar basquetebol. Precisamos de um jogador _____.

32.3. Complete as frases com os **adjectivos/advérbios** na forma correcta.

1. O teu irmão não é muito alto. Tu és _mais alto._ _____
2. A casa deles não é muito grande. Eles querem comprar uma casa _____.
3. Este vinho não sabe muito bem. Aquele é _____.
4. Ao fim-de-semana não se levantam muito cedo. Durante a semana levantam-se _____.
5. O inglês dele é mau. O da Ana é _____.
6. Este empregado não é muito simpático. Aquele é _____.

32.4. Complete as frases com _**tão ... como**_.

1. A igreja é mais antiga do que o museu. _O museu não é tão antigo como a igreja._ _____
2. Espanha é maior do que Portugal. Portugal _____.
3. Ele joga melhor do que o João. O João _____.
4. O leite está mais quente do que o café. O café _____.
5. Ele come mais depressa do que a irmã. A irmã _____.
6. A Ana é mais alta do que o Rui. O Rui _____.

Unidade 33　Superlativos

Normal	SUPERLATIVO RELATIVO	
	superioridade	inferioridade *
baixo	o mais baixo	o menos baixo
cedo	o mais cedo	o menos cedo
bom	o melhor	o menos bom
grande	o maior	o menos grande
mau	o pior	o menos mau

* É muito pouco usado.

Normal	SUPERLATIVO ABSOLUTO	
	sintético	analítico
baixø	baixíssimo	muito baixo
cedø	cedíssimo	muito cedo
fácil	facílimo	muito fácil
difícil	dificílimo	muito difícil
bom/bem	óptimo	muito bom/bem
mau/mal	péssimo	muito mau/mal

— Lisboa é **a maior** cidade de Portugal.

— O filme foi **péssimo**. Foi mesmo **o pior** filme que eu vi.

— Ele joga bem futebol, mas não é **o melhor** jogador da equipa.

— Chegaste **tardíssimo**. O filme já começou.

— Dentro da cidade, o metro é **o** meio de transporte **mais rápido**.

— A Ana e a Joana são **as melhores** alunas da turma.

— O Pedro, o Paulo e o Miguel são todos **muito altos**. **O mais alto** é o Pedro que tem 1,90m e **o menos alto** é o Miguel que tem 1,87m.

Unidade 33   Exercícios

33.1. Complete as frases com os **adjectivos/advérbios** na forma correcta.

1. Eu estou muito cheio. De facto, estou *cheiíssimo.* _____
2. Ainda é muito cedo. De facto, é _____ .
3. Ele está muito gordo. De facto, é _____ .
4. Esta bebida é muito forte. De facto, é _____ .
5. Eles estão muito atrasados. De facto, estão _____ .
6. A tua mala está muito pesada. De facto, está _____ .
7. Este bife está muito duro. De facto, está _____ .
8. A sopa está muito quente. De facto, está_____ .
9. O exame foi muito difícil. De facto, foi _____ .
10. O bolo de chocolate está muito bom. De facto, está_____ .
11. O acidente foi muito grave. De facto, foi _____ .
12. Estes sapatos foram muito caros. De facto, foram _____ .

33.2. Complete com os **adjectivos** na forma correcta.

1. O Miguel é mais velho do que o Paulo e a Ana. *É o mais velho dos irmãos.*
2. Este ano as férias foram melhores do que no ano passado. Foram _____ de sempre.
3. Esta igreja é muito antiga. É _____ do país.
4. Esta sala é muito grande. É _____ de todas.
5. O jogo de domingo foi péssimo. Foi _____ de todos.
6. Ela é muito bonita. É _____ das irmãs.
7. Ele é mais alto do que os colegas. É _____ da turma.
8. Estas uvas são muito doces. São _____ de todas.
9. Este romance é muito interessante. É _____ deste escritor.
10. Ele é um cantor muito popular. É _____de todos.

33.3. Complete as frases.

1. Este é *o restaurante mais caro* de Lisboa. (restaurante / caro)
2. Esse foi *o melhor filme* _____ do ano. (bom / filme)
3. Ele é _____ do país. (homem / rico)
4. Hoje foi _____ da minha vida. (dia / feliz)
5. Ela é _____ que eu conheci. (rapariga / bonito)
6. O Tejo é _____ de Portugal. (grande / rio)
7. A Ana e o Pedro são _____ da turma. (bom / alunos)
8. Ele é _____ da actualidade. (político / popular)
9. Este foi _____ que eu ouvi. (mau / discurso)
10. Ela foi _____ dos anos 50. (actriz / famoso)

Unidade 34 tão e tanto

tão + adjectivo (invariável)	Ela é **tão bonita**! Que rapariga **tão bonita**!
tão + advérbio (invariável)	Falas **tão depressa**! Não compreendo nada. A praia é **tão longe**! É melhor irmos de carro.
verbo + tanto (invariável)	Ele **come tanto**! Por isso está tão gordo.
tanto(s) tanta(s) + substantivo (variável)	Gastei **tanto dinheiro** nas compras! Não comas **tantos chocolates**! **Tanta gente** na rua! Nunca vi **tantas pessoas** num concerto!
tão + adjectivo advérbio + que ... (invariável)	Falas **tão** <u>depressa</u> **que** eu não compreendo. Ele estava **tão** <u>cansado</u> **que** foi logo dormir.
verbo + tanto que ... (invariável)	Ele <u>estudou</u> **tanto que** ficou com dores de cabeça. Tive **tanto** <u>trabalho</u> **que** não pude sair com vocês.
tanto(s) tanta(s) + substantivo + que ... (variável)	Ele tinha **tantas** <u>dores</u> de cabeça **que** foi tomar um comprimido.

72

Unidade 34   Exercícios

34.1. Complete as frases exclamativas com **tão** ou **tanto**.

1. Está _tanto_ calor!
2. O bebé tem uns olhos _tão_ azuis!
3. Que festa _____ animada!
4. _____ carros!
5. Não bebas _____ cerveja!
6. Que vestido _____ bonito!

7. A sopa está _____ quente!
8. Há _____ pessoas na paragem!
9. Não fales _____ depressa!
10. Ele ganha _____ dinheiro!
11. A casa deles fica _____ longe!
12. Não comas _____!

34.2. Faça frases exclamativas com **tão**.

1. Estas flores são muito bonitas.
   Que flores tão bonitas!
2. Aquele cão é muito mau.
   Que cão _____!
3. O empregado foi muito antipático.
   Que _____!
4. O bolo estava muito bom.
   _____!

5. O jantar foi muito caro.
   _____!
6. A festa foi muito divertida.
   _____!
7. Os teus amigos foram muito simpáticos.
   _____!
8. Este sofá é muito confortável.
   _____!

34.3. Complete com **tão** ou **tanto(s)**, **tanta(s)**.

1. Estou _tão_ atrasada. Vou apanhar um táxi.
2. Ultimamente tem havido _____ trabalho no escritório.
3. Ele sente-se _____ cansado.
4. A mãe dela está _____ doente e tudo lhe faz _____ confusão.
5. Tive _____ sorte em encontrar os documentos.
6. Não precisas de trabalhar _____ horas.

34.4. Ligue as frases com **tão ... que** ou **tanto ... que**.

1. Hoje andei muito. Doem-me os pés.
   Hoje andei tanto que me doem os pés.
2. Estou com muitas dores. Vou tomar um comprimido.
   _____
3. O professor fala muito depressa. Não compreendo nada.
   _____
4. O dia ontem esteve muito quente. Fomos até à praia.
   _____
5. A Ana estudou muito. Ficou com dores de cabeça.
   _____
6. Fizeste muito barulho. Acordaste o bebé.
   _____
7. Ele comeu muito. Não consegue levantar-se.
   _____
8. Ela sentiu-se muito mal. O marido chamou o médico.
   _____

Unidade 35 Preposições + pronomes pessoais

preposição + pronomes pessoais			
	«com»	**outras preposições**	
eu	*comigo*		*mim*
tu	*contigo*	de	*ti*
você	*consigo*	a	*si*
ele	com ele	sem	ele
ela	com ela	até	ela
nós	*connosco*	por	nós
vocês	com vocês / *convosco* *	para	vocês
eles	com eles	...	eles
elas	com elas		elas

* A forma *convosco* (= com os senhores / as senhoras) é formal.

— Vais *comigo* à festa?
— Sim, vou *contigo*.

— Espere <u>por</u> **mim**. Desço *consigo* no elevador.

— Meus senhores, posso contar *convosco* para a inauguração?
— Claro. Conte *connosco*.

— Trouxe esta prenda <u>para</u> *ti*.
— <u>Para</u> *mim*? Muito obrigado.

— Estivemos a falar <u>de</u> *si* esta manhã, D. Fátima.

— Tens visto a Joana?
— Falei <u>**com**</u> **ela** na semana passada.

— Eles moram perto <u>de</u> **nós**.

Unidade 35 Exercícios

35.1. Complete com a forma correcta do **pronome**.

Isto é para
- _____. (eu)
- _____. (tu)
- _____. (você)
- _____. (eu + tu)
- _____. (tu + você)
- _____. (ele + ela)

35.2. Complete com a forma correcta do **pronome** contraído ou não com a preposição **com**.

O João quer falar
- _____. (eu)
- _____. (tu)
- _____. (você)
- _____. (Ana)
- _____. (eu + o Pedro)
- _____. (ele + ela)

35.3. Complete com o **pronome** contraído ou não com a preposição **com**.

1. — Também vens _connosco?_ (nós)
   — Vou. Vou _com vocês_. (vocês)
2. — O chefe quer falar _____ (você), Sr. Rocha.
   — Vou já falar _____ (ele).
3. Hoje não vou sair _____ (eles). Podem contar _____ (eu) para o jantar.
4. Meus senhores, precisava de conversar _____ (os senhores).
5. Ninguém falou _____ (eu) sobre esse assunto.
6. — Quem é que vai _____ (vocês) no carro?
   — A Ana vai _____ (nós) e o João tem de ir _____ (tu).
7. Ontem à noite sonhei _____ (tu).
8. Ficámos _____ (ele) até à meia-noite.
9. — Posso contar _____ (você) para a inauguração?
   — Claro. Conte _____ (eu).
10. Gostaria de encontrar-me _____ (o senhor e a senhora) para discutir a vossa proposta.

35.4. Complete com a forma correcta do **pronome**.

1. — Esperem por _mim_____. Estou quase pronto.
   — Só esperamos por _ti_____ mais cinco minutos, João.
2. Não posso começar a reunião sem _____. Por isso não te atrases.
3. — Trouxe estas flores para _____, D. Margarida.
   — Para _____?! Muito obrigada.
4. Estiveram a falar sobre _____ e a minha situação na companhia.
5. Chegou esta encomenda para _____, sr. Oliveira.
6. Moras perto de _____. Agora somos vizinhos.
7. Ultimamente tenho pensado em _____ e no que me disseste.
8. Lembra-se de _____? Andámos juntos na escola.
9. Ele conheceu a Rita e apaixonou-se logo por _____.
10. Mentiste-me. Já não acredito em _____.

Unidade 36 Pronomes pessoais complemento directo

— A Ana vai à festa?
— Vai. Eu convidei-**a**.

— Podes levar as revistas. Já **as** li.

— Não consigo levantar o caixote. Ajudas-**me**?
— Ajudo-**te** já. É só um minuto.

— Encontraste o Pedro?
— Não. Já não **o** encontrei.

— Onde é que tens os bilhetes? Perdeste-**os**?
— Não. Guardei-**os** na mala.

— Podes levar-**nos** a casa?
— Está bem. Eu levo-**vos**.

	Complemento directo
eu	*me*
tu	*te*
você ele, ela	*o*, *a*
nós	*nos*
vocês	*vos*
eles, elas	*os*, *as*

Formas verbais terminadas em:	3ª pessoa as formas *-lo*, *-la*, *-los*, *las*
-r̶ -s̶ -z̶	-lo -la -los -las

☞ Excepções
Ele que**r** *os chocolates*. Ele quer**e-os**
Tu te**ns** *a minha caneta*. Tu te**m-la**.

— Vou convida**r** <u>os meus amigos</u>. Vou convidá-**los**.
— Vou ve**r** <u>esse filme</u>. Vou vê-**lo**.
— Paga**s** <u>a conta</u>? Paga-**la**?
— Bebe**s** <u>o leite</u> todo. Bebe-**lo** todo.
— Ele fa**z** <u>os exercícios</u> em casa. Ele fá-**los** em casa.
— Tra**z** <u>a tua irmã</u> à festa. Trá-**la** à festa.

Formas verbais terminadas em:	3ª pessoa as formas *-no*, *na*, *nos*, *nas*
-ão -õe -m	-no -na -nos -nas

Eles d**ão** <u>o dinheiro</u> ao empregado.
Eles dão-**no** ao empregado.

Ela p**õe** <u>a mesa</u>. Ela põe-**na**.

Coma**m** <u>os bolos</u>. Comam-**nos**.

Unidade 36   Exercícios

36.1. Complete com as formas correctas dos **pronomes**.

1. Eu conheço a Ana e a Ana conhece-*me.*
2. Tu conheces a Ana e a Ana conhece-_____.
3. Ela conhece a Ana e a Ana conhece-_____.
4. Ele conhece a Ana e a Ana cohnece-_____.
5. Nós conhecemos a Ana e a Ana conhece-_____.
6. Vocês conhecem a Ana e a Ana conhece-_____.
7. Eles conhecem a Ana e a Ana conhece-_____.
8. Elas conhecem a Ana e Ana conhece-_____.

36.2. Substitua o **complemento directo** pelo **pronome correspondente** e faça as alterações necessárias.

1. Fomos buscar **os nossos amigos** à estação.
   Fomos buscá-los à estação.
2. Tens visto **a Inês**?
   _____
3. Não comam **o bolo** todo.
   _____
4. Podes guardar **a revista**. Já li **a revista**.
   _____
5. Puseram **os casacos** e saíram.
   _____
6. Vês **o filme** connosco?
   _____
7. Fechem **a porta** à chave.
   _____
8. Ajuda-me a levantar **o caixote**.
   _____
9. Façam bem **as camas**.
   _____
10. Põe **os livros** na pasta.
    _____

11. Também convidámos **os professores**.
    _____
12. Levem **o João e a Ana** no carro.
    _____
13. Encontraste **o meu irmão**?
    _____
14. Deixei **a carteira e os documentos** na escola.
    _____
15. Faz **os exercícios** em casa.
    _____
16. Gostei de ouvir **o Primeiro Ministro**.
    _____
17. Aqueçam **o leite**.
    _____
18. Tenho de ler **os relatórios**.
    _____
19. Tem **as fotografias** consigo?
    _____
20. Dão **a prenda** à Ana?
    _____

36.3. Complete com a forma correcta do **pronome**.

1. Ajudas-*me* a fazer o exercício? Sozinho não consigo.
2. Nós também vamos à festa. O Paulo convidou-_____.
3. Se não tens boleia, levo-_____ a casa.
4. Ele não falou com vocês?! Então é porque não _____ conhece.
5. Quando estive no hospital, eles foram lá ver-_____.
6. Já assinei o contrato. Assinei-_____ hoje de manhã.
7. Li a poesia, mas achei-_____ difícil.
8. Queria umas bananas, mas não _____ quero muito maduras.
9. Vocês não me viram, mas eu vi-_____ à porta do cinema.
10. Não encontro os meus óculos. Não sei onde _____ pus.

Unidade 37 Pronomes pessoais complemento indirecto; compl. indirecto + compl. directo

	Complemento indirecto
eu	*me*
tu	*te*
você ele, ela	*lhe*
nós	*nos*
vocês	*vos*
eles, elas	*lhes*

— Os meus amigos mandaram-*me* um postal.

— Eu escrevi-*lhes* uma carta.

— Apetece-*te* alguma coisa?
— Apetece-*me* um gelado.

— O que é que *nos* perguntaste?
— Perguntei-*vos* se vocês estão em casa hoje à noite.

— Ofereci-*lhe* um ramo de flores e ela gostou muito.

— Posso fazer-*lhe* uma pergunta, sr. Ramos?

— O João não foi à festa, porque não *lhe* disseram nada.

Contracções
C. indirecto + C. directo

me + o = mo	
me + a = ma	
me + os = mos	
me + as = mas	

Dá-me esse livro. Dá-*mo*.
Dá-me essa borracha. Dá-*ma*.
Dá-me esses óculos. Dá-*mos*.
Dá-me essas canetas. Dá-*mas*.

te + o = to	
te + a = ta	
te + os = tos	
te + as = tas	

Já te emprestei o caderno. Emprestei-*to* ontem.
Já te emprestei a cassete. Emprestei-*ta* ontem.
Já te emprestei os livros. Emprestei-*tos* ontem.
Já te emprestei as revistas. Emprestei-*tas* ontem.

lhe + o = lho	
lhe + a = lha	
lhe + os = lhos	
lhe + as = lhas	

Mandei-lhe o dinheiro. Mandei-*lho* ontem.
Mandei-lhe a encomenda. Mandei-*lha* ontem.
Mandei-lhe os catálogos. Mandei-*lhos* ontem.
Mandei-lhe as informações. Mandei-*lhas* ontem.

Unidade 37   Exercícios

37.1. Complete com as formas correctas dos **pronomes**.

1. (**Eu** preciso do dicionário). Podes emprestar-*me*_____ o dicionário?
2. (**Tu** precisas de 4.98 €). Vou emprestar-_____ 4.98 €.
3. (**Você** quer informações). Vou enviar-_____ informações.
4. (**O Rui** quer a bicicleta). Podes emprestar-_____ a bicicleta?
5. (**A Joana** precisa duma camisola). Vou comprar-_____ uma camisola.
6. (**Nós** recebemos a carta). Ela escreveu-_____ uma carta.
7. (**Vocês** querem ver a casa). Vou mostrar-_____ a casa.
8. (**Eles** querem conhecer a Ana). Vou apresentar-_____ a Ana.
9. (**A Ana e o Pedro** precisam do carro). Vou emprestar-_____ o carro.
10. (**Elas** gostaram do bolo). Vou servir-_____ mais bolo.

37.2. Complete com as **formas contraídas** dos **pronomes**.

1. Esse livro é meu. Dá-*mo*_____
2. Esses lápis são meus. Dá-_____.
3. Aqueles óculos são dele. Dá-_____.
4. Essas canetas são dela. Dá-_____.
5. Essas chaves são minhas. Dá-_____.
6. Aquela carteira é dela. Dá-_____.
7. Aquele caderno é dela. Dá-_____.
8. Essa mala é minha. Dá-_____.

37.3. Substitua o **complemento directo** e **o indirecto** pelo pronome correspondente. Depois faça a contracção.

1. O Pedro emprestou *as cassetes* *à Ana*.
   *O Pedro emprestou-as à Ana.*_____
   *O Pedro emprestou-lhe as cassetes.*_____
   *O Pedro emprestou-lhas.*_____
2. Vou mostrar *o quarto* *a ti*.
   _____.
   _____.
   _____.

3. Ele ofereceu *os bilhetes* *a mim*.
   _____.
   _____.
   _____.

4. Já dei *as informações* *ao sr. Oliveira*.
   _____.
   _____.
   _____.

5. Eles contaram *a história* *ao João*.
   _____.
   _____.
   _____.

6. Mandei a *encomenda* *à D. Maria*.
   _____.
   _____.
   _____.

7. Demos *a prenda* *ao professor*.
   _____.
   _____.
   _____.

8. Entregaste *os livros* *ao aluno*?
   _____?
   _____?
   _____?

9. Já pagaste *a renda* *ao senhorio*?
   _____?
   _____?
   _____?

10. Mostrámos *o apartamento* *à Ana*.
    _____.
    _____.
    _____.

11. Emprestei *o dicionário* *ao teu irmão*.
    _____.
    _____.
    _____.

12. Só contei *a conversa* *a ti*.
    _____.
    _____.
    _____.

Unidade 38 — Voz passiva — ser + particípio passado

| activa | Camões escreveu *"Os Lusíadas"*. | passiva | *"Os Lusíadas"* foram escritos por Camões. |

- As duas frases têm o mesmo significado, mas **na voz activa**

  | Camões escreveu "Os Lusíadas". | o sujeito - **Camões** - pratica a acção;

  na voz passiva

  | "Os Lusíadas" foram escritos por Camões. | o sujeito - ***"Os Lusíadas"*** - sofre a acção do agente da passiva **Camões**.

- Na voz passiva usamos:
  - o **complemento directo da activa** que passa a **sujeito na passiva**.
  - verbo auxiliar **ser** no mesmo tempo do verbo principal da voz activa seguido do **particípio passado** do verbo principal:

    ser + particípio passado

  - o particípio passado do verbo principal que concorda em género e número com o novo sujeito da passiva:

    por + agente

  - o agente da passiva precedido pela preposição **por** contraído (ou não) com o artigo:

contracções	
por + o = pelo	por + a = pela
por + os = pelos	por + as = pelas

Presente
activa: A empregada *limpa* as salas todos os dias.
passiva: **As salas *são limpas* todos os dias** pela empregada.

    activa: O mecânico *está a arranjar* o carro.
    passiva: **O carro *está a ser arranjado*** pelo mecânico.

Passado
activa: A Ana *comprou* essas flores.
passiva: **Essas flores *foram compradas*** pela Ana.

    activa: O sr. Ramos *alugava* a casa no Verão.
    passiva: **A casa *era alugada*** no Verão pelo sr. Ramos.

        activa: O sr. Ramos *tinha alugado* o apartamento.
        passiva: **O apartamento *tinha sido alugado*** pelo sr. Ramos.

Futuro
activa: A Câmara *vai construir* mais prédios.
passiva: **Mais prédios *vão ser construídos*** pela Câmara.

    activa: A televisão independente *gravará* o espectáculo.
    passiva: **O espectáculo *será gravado*** pela televisão independente.

Omissão do agente da passiva
- Quando na activa o sujeito é indeterminado e não está expresso, omite-se o agente da passiva.

activa: ***Assaltaram* o banco** ontem à noite.
passiva: **O banco *foi assaltado*** ontem à noite.

activa: ***Vão construir* novas estradas**.
passiva: **Novas estradas *vão ser construídas***.

Unidade 38 Exercícios

38.1. Faça frases na **passiva**.

1. O jornalista Rui Silva escreveu o artigo.
   O artigo foi escrito pelo jornalista Rui Silva.
2. O Presidente vai inaugurar a exposição.
   A exposição _____
3. A Companhia oferece o almoço.
   _____
4. O canal 6 transmitirá o jogo para toda a Europa.
   _____
5. A empregada já tinha limpo os quartos.
   _____
6. O clima da região atrai muitos turistas.
   _____
7. O barulho acordou as crianças.
   _____
8. Essa empresa tem contratado muitos jovens.
   _____
9. A nossa equipa ganhou o 1° prémio.
   _____
10. As crianças da primária fizeram os desenhos.
    _____

38.2. Ponha as frases na **passiva**.

1. Chamaram a ambulância imediatamente.
   A ambulância foi chamada imediatamente.
2. Viram o criminoso perto da fronteira.
   O criminoso _____
3. Assaltaram o banco na noite passada.
   _____
4. Aumentaram os impostos.
   _____
5. Vão construir mais escolas.
   _____
6. Vão abrir o hotel no próximo Verão.
   _____

38.3. Complete com o verbo na **passiva**.

1. Onde está a minha bicicleta? (roubar)
   Foi roubada?!
2. O que é que aconteceu à ponte? (destruir)
   _____?!
3. Onde está o meu carro? (rebocar)
   _____?!
4. Porque é que há tantos polícias no banco? (assaltar)
   _____?!
5. Onde estão os documentos? (roubar)
   _____?!
6. O que é que aconteceu àquela senhora? (atacar)
   _____?!

38.4. Responda com uma frase na **passiva**.

1.— Foste tu que **pagaste** o jantar?
   — Sim, sim. *O jantar foi pago por mim.*
2.— Foi a Ana que **ganhou** o jogo?
   — Sim, sim. *O jogo* _____ .
3.— Foi o Pedro que **encontrou** os documentos?
   — Sim, sim._____ .
4.— Foi a agência que **ofereceu** a viagem?
   — Sim, sim._____ .
5. — Foram vocês que **encomendaram** as flores?
   — Sim, sim._____ .
6. — Foi ele que **fez** os exercícios?
   — Sim, sim._____ .
7. — Foram eles que **escreveram** o artigo?
   — Sim, sim._____ .
8. — Fui eu que **parti** o vidro?
   — Sim, sim._____ .

Unidade 39 Voz passiva — estar + particípio passado; particípios duplos

antes		agora	antes		agora
Os sapatos *estavam sujos*.	Ele limpou os sapatos.	Os sapatos *estão limpos*.	A janela *estava fechada*.	Ela abriu a janela.	A janela *está aberta*.

Passiva
resultado da acção
estar + particípio passado

	Resultado
Já fizeram os exercícios. = Os exercícios já foram feitos.	Os exercícios *estão feitos*.
O João pagou o almoço. = O almoço foi pago pelo João.	O almoço *está pago*.
Já marcaram a reunião. = A reunião já foi marcada.	A reunião *está marcada*.
Assinaram ontem o contrato. = O contrato foi assinado ontem.	O contrato *está assinado*.

Particípios duplos

	regular (auxiliar *ter*)	**irregular** (auxiliares *ser* e *estar*)
aceitar	**aceitado**	**aceite**
acender	**acendido**	**aceso**
entregar	**entregado**	**entregue**
matar	**matado**	**morto**
prender	**prendido**	**preso**
romper	**rompido**	**roto**
salvar	**salvado**	**salvo**
secar	**secado**	**seco**

- Nos verbos com **particípios duplos** usamos o **particípio regular** com o auxiliar *ter* (tempos compostos); o **particípio irregular** é usado com os auxiliares *ser* e *estar* (voz passiva).

- O **particípio regular** é **invariável**; o **particípio irregular** concorda em **género** e **número** com **o sujeito**.

Os bombeiros *tinham salvado* as crianças.

Isto é: As crianças *tinham sido salvas* pelos bombeiros.
Resultado: As crianças *estavam salvas*.

Quando cheguei a casa
{
alguém já *tinha acendido* as luzes.

Isto é: as luzes já *tinham sido acesas*.
Resultado: as luzes já *estavam acesas*.
}

A polícia *tem prendido* vários membros da quadrilha.

Isto é: Vários membros da quadrilha *têm sido presos*
Resultado: Vários membros da quadrilha *estão presos*.

Unidade 39   Exercícios

39.1. Complete as frases com **estar + part. passado**, expressando o resultado da acção.

1. Já foi tudo combinado. Portanto, *está tudo combinado.*
2. A janela foi fechada. Portanto, *a janela* _____ .
3. Os sapatos foram limpos. Portanto, _____ .
4. Os alunos foram informados. Portanto, _____ .
5. O quarto já foi arrumado. Portanto, _____ .
6. O contrato foi assinado. Portanto, _____ .
7. A encomenda foi entregue. Portanto, _____ .
8. A resposta foi dada. Portanto, _____ .
9. O carro foi arranjado. Portanto, _____ .
10. As contas já foram feitas. Portanto, _____ .

39.2. Faça frases com **estar + part. passado**.

1. Já paguei a conta. *A conta está paga.*
2. A empregada fez as camas. *As camas* _____ .
3. Alguém acendeu as luzes. _____ .
4. O professor já corrigiu os testes. _____ .
5. A Ana pôs a mesa. _____ .
6. Ele abriu a porta. _____ .
7. Já informei as pessoas. _____ .
8. Ela rompeu o vestido. _____ .
9. Ele entregou os documentos. _____ .
10. Já sequei o cabelo. _____ .

39.3. Transforme as frases destacadas em frases passivas com o auxiliar **estar + part. passado**.

1. Quando me sentei, vi que **tinha rompido a saia.**
   Quando me sentei, vi que *a saia estava rota.* _____
2. **A minha camisola de lã já foi lavada?** Preciso dela.
   A minha camisola de lã já está lavada? Preciso dela.
3. A máquina de lavar loiça não funcionava. **Já foi arranjada?**
   A máquina de lavar loiça não funcionava. _____ ?
4. **O dentista arranjou**-lhe **os dentes.** Agora já não lhe doem.
   _____ . Agora já não lhe doem.
5. Podem sair depois de **fazerem os exercícios**.
   Podem sair depois de _____ .
6. A polícia anunciou que **tinham matado o chefe da quadrilha**.
   A polícia anunciou que _____ .
7. **Já pus a mesa.** Venham jantar, meninos.
   _____ . Venham jantar, meninos.
8. Quando os bombeiros chegaram ao local do incêndio, **todas as pessoas já tinham sido salvas**.
   Quando os bombeiros chegaram ao local do incêndio, _____ .

Unidade 40 Palavra apassivante *se*

- Usamos a palavra apassivante *se*:

  - quando o sujeito da activa é completamente **desconhecido**, **indeterminado** ou **irrelevante** para a informação contida na frase;

  - a partícula *se* coloca-se antes ou depois do verbo consoante a regra de colocação dos pronomes; (ver **Unidade 14**)

  - o verbo - sempre na forma activa - concorda com o sujeito da frase, isto é, conjuga-se na 3ª pessoa singular se o sujeito é singular ou na 3ª pessoa plural se o sujeito é plural.

Em Portugal as pessoas vêem muito televisão.
Em Portugal ***vê-se*** muito ***televisão***.

Marcaram a reunião para amanhã às 9h.
Marcou-se a reunião para amanhã às 9h.

Nessa loja aceitam cartões de crédito.
Aceitam-se cartões de crédito.

Os gritos foram ouvidos na rua.
Ouviram-se os gritos na rua.

Foram feitos três testes durante o ano.
Fizeram-se três testes durante o ano.

Unidade 40   Exercícios

40.1. Faça frases com a palavra apassivante **se**.

1. alugar / quartos
   Alugam-se quartos.
2. precisar de / motorista

3. vender / apartamentos

4. comprar / roupas usadas

5. falar / francês

6. dar / explicações

7. alugar / sala para congressos

8. servir / pequenos-almoços

9. admitir / cozinheiras

10. aceitar / cheques

40.2. Transforme as frases na activa em frases com a palavra apassivante **se**.

1. Em Portugal as pessoas vêem muito televisão.
   Em Portugal vê-se muito televisão.
2. No Norte as pessoas bebem muito vinho.
   No Norte
3. No Natal as pessoas comem bacalhau à consoada.
   No Natal

4. Com o calor as pessoas trabalham menos.
   Com o calor
5. Em Junho as pessoas festejam os Santos Populares.
   Em Junho
6. Para atravessar o rio as pessoas apanham o barco.
   Para atravessar o rio

40.3. Transforme as frases na activa em frases passivas com a palavra apassivante **se**.

1. Inauguraram ontem a ponte.
   Inaugurou-se ontem a ponte.
2. Alugaram duas camionetas para o passeio.

3. Antigamente compravam mais livros.

4. Ultimamente têm construído muitas escolas.

5. Já marcaram a viagem.

6. Fizeram obras no museu.

40.4. Transforme as frases na passiva (ser + part. passado) em frases com a palavra apassivante **se**.

1. A alface é lavada e temperada em seguida.
   Lava-se a alface e tempera-se em seguida.
2. As batatas são cozidas e depois descascadas.

3. Os ovos são batidos com o açúcar.

4. A carne é picada e depois misturada com o molho.

5. O peixe é arranjado e passado por farinha.

6. O queijo é cortado e posto no pão.

Unidade 41 Preposições de movimento

- ## a
  - **ir** / **vir** / **voltar a** ... (curta permanência)
    Ontem **fui ao** cinema.
    É meio-dia. Eles **vão a** casa almoçar.
    Ele **vai à** escola todos os dias.
    Vou aos Correios comprar selos.
  - **a pé** / **à boleia**
    Gosto muito de andar **a pé**.
    Foram **à boleia** para a praia.

Contracções

a+a=à	a+as=às
a+o=ao	a+os=aos

- ## para
  - **ir** / **vir** / **voltar para** ... (longa permanência)
    Eles **vão** viver **para** o Canadá.
    Ela **vai** estudar **para** Inglaterra.
    Volta para Portugal dois anos depois.
    São 6 horas da tarde. **Vou para** casa.
  - **direcção** / **destino** ——————▶●
    Esta camioneta **vai para** Lisboa.
    O comboio **para** Braga parte às 20 horas.
    Vou para a escola.

Contracções

por+a=pela	por+as=pelas
por+o=pelo	por+os=pelos

- ## por
  - **através de** ——●——▶
    Eles foram **pela** ponte.
    O senhor vai **por** esta rua, **pelo** passeio do lado direito.
    Andámos a passear **pelo** parque.
    Mandei a carta **por** avião.
  - **perto de**
    Esse autocarro passa **pelo** hospital.
    A estrada nova passa **por** minha casa.

- ## de
  - **origem ou proveniência** (**sair** / **vir** / **voltar**, etc...)
    Saí de casa às 8 horas.
    Voltaram da festa cansadíssimos.
    O meu marido **vem** hoje **do** Porto.
  - **meios de transporte**
    Para a Baixa vou **de metropolitano**.
    De táxi é mais rápido.
    Eles vão **de autocarro** para o trabalho.
    Gosto muito de viajar **de avião**.

Contracções

de+a=da	de+as=das
de+o=do	de+os=dos

- ## em + artigo
  - **meios de transporte** (determinado)
    O sr. Oliveira vai **no comboio das 7h30**.
    Prefiro voltar **no avião da TAP**.
    Querem ir **no meu carro**?
    Posso andar **na tua bicicleta**?

Contracções

em+a=na	em+as=nas
em+o=no	em+os=nos

Unidade 41 Exercícios

41.1. Complete com **a** (contraído ou não com o artigo) ou **para**.

1. Vou _____ casa buscar o casaco e já volto.
2. Quem é que vai _____ supermercado?
3. Eles vão viver _____ o Algarve.
4. Já não há pão. É preciso ir _____ padaria.
5. Depois das aulas vou _____ casa.
6. Vamos _____ cinema?
7. O John volta _____ Inglaterra no próximo mês.
8. Prefiro ir _____ pé _____ a praia.
9. A minha mãe foi _____ Porto visitar uns amigos.
10. O Pedro vai trabalhar _____ os Estados Unidos.

41.2. Complete com **para** ou **por** (contraído ou não com o artigo).

1. A camioneta _____ Faro vai _____ autoestrada.
2. Eles vieram _____ ponte, porque é mais rápido.
3. Esse autocarro passa _____ minha escola.
4. Andaram _____ museu a ver tudo.
5. Ela vai estudar _____ França e volta _____ Portugal dois anos depois.
6. — Como é que se vai _____ o Instituto Português?
   — Vai _____ esta rua, _____ passeio do lado esquerdo e vê logo o Instituto.
7. Quando vou _____ casa, vou sempre _____ Av. da República.
8. Os carros passam _____ túnel.
9. Eles já foram _____ o aeroporto, mas antes passavam _____ hotel.
10. Todos os anos vamos de férias _____ o Algarve.

41.3. Complete com **de** (contraído ou não com o artigo) ou **em** (contraído com o artigo).

1. Fomos _____ avião e voltámos _____ comboio.
2. Queres andar _____ minha mota nova?
3. Os turistas gostam de passear _____ eléctrico.
4. Nós vamos _____ carro do João e vocês vão _____ táxi.
5. Ontem saí _____ escritório muito tarde.
6. Eles chegam hoje _____ Brasil. Vêm _____ avião das 7h00.
7. Daqui para a Estrela tem de ir _____ autocarro nº 27.
8. Voltámos _____ Porto _____ comboio das 10h00.
9. Estás muito bronzeada. Vens _____ praia?
10. Saiu _____ autocarro e apanhou um táxi.

41.4. Faça frases, conjugando os verbos e usando as preposições contraídas ou não com o artigo.

1. (eu / ir / carro / emprego)
   Eu vou de carro para o emprego.
2. (o João / ir / escola / pé)
   _____
3. (nós / ir / carro dele)
   _____
4. (eles / voltar / Madrid / comboio das 20h30)
   _____
5. (eu / sair / casa / às 8h00)
   _____
6. (eles / ir / praia / camioneta)
   _____

Unidade 42 Preposições e locuções prepositivas de lugar

- **a (à**(s), **ao**(s)**)**
  Ela está sentada **à** janela.
  — A casa de banho é **à direita** ou **à esquerda**?
  — É **ao fundo** do corredor **à direita**.
  À sombra está-se bem, **ao sol** está muito calor.

- **em (na**(s), **no**(s)**)**
  - **local**
    Moro **em** Lisboa, na Av. da República.
    À noite fico sempre **em casa**.
  - **em cima de**
    Os livros estão **na** mesa.
    Há muito pó **no** chão.
  - **dentro de**
    Pus o dinheiro **no** bolso.
    Não fiquem muito tempo **na** água.
    Ele está **no** quarto. Está deitado **na** cama.

- **em cima de (da**(s), **do**(s)**)**
  Arrumei os sacos **em cima do** armário.
  A tua mala está **em cima da** cadeira.

- **dentro de (da**(s), **do**(s)**)**
  Os livros estão **dentro da** pasta.
  Está muito calor **dentro do** autocarro.

- **debaixo de (da**(s), **do**(s)**)**
  O gato está **debaixo da** mesa.
  Debaixo das árvores está mais fresco.

- **ao lado de (da**(s), **do**(s)**)**
  A livraria fica **ao lado da** escola.
  A Ana senta-se sempre **ao lado do** João.

- **em frente de (da**(s), **do**(s)**)**
  O supermercado fica **em frente do** restaurante.

- **à frente de (da**(s), **do**(s)**)**
  O Pedro está **à frente do** Rui.

- **atrás de (da**(s), **do**(s)**)**
  O Rui está **atrás do** Pedro.
  O quadro está **atrás da** professora.

- **entre**
  O João está **entre** a Ana e o Pedro.
  Encontrei uma camisa lindíssima **entre** as
  roupas velhas da avó.

- **perto de / ao pé de (da**(s), **do**(s)**)**
  A escola fica **perto de** casa.
  O jarro de água está **ao pé dos** copos.

Unidade 42   Exercícios

42.1. Complete com: **a**, **à frente de**, **ao lado de**, **debaixo de**, **dentro de**, **em**, **em frente de**, **entre** (contraídas ou não com o artigo).

1. Ela está sentada _____ bebé.

2. O táxi vai _____ _____ autocarro.

3. O pássaro está _____ gaiola.

4. Ele está_____ carro.

5. Coimbra fica _____ Lisboa e o Porto.

6. Ela está a tomar banho ____ piscina.

7. Eles encontraram-se ____ porta do cinema.

8. A cadeira está ____ ____ sofá.

42.2. Observe a gravura e complete as frases com **preposições** e **locuções** (contraídas ou não com o artigo).

1. O Pedro e a Ana estão _____ sala de estar.
2. A televisão está _____ sofá.
3. O Pedro está sentado _____ sofá.
4. O gato está _____ mesa.
5. O cesto das revistas está _____ chão, _____ sofá.
6. O Pedro tem os pés _____ cadeira.
7. Os quadros estão _____ parede.
8. A Ana está de pé _____ janela.

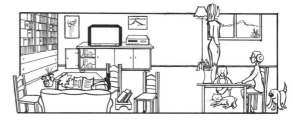

9. O jornal está _____ mão do Pedro.
10. Os livros estão _____ estante.
11. As cassetes vídeo estão _____ armário.
12. O sofá está _____ as cadeiras.

13. O candeeiro está _____ Ana.
14. O bebé está sentado _____ mesa.
15. O cão está _____ avó.
16. A jarra está _____ mesa.

42.3. Observe a fotografia e complete as frases com **preposições e locuções** (contraídas ou não com o artigo).

1. O avô António está de pé _____ esquerda.
2. A D.Helena está de pé _____ o avô e o marido, o Afonso.
3. O Afonso está de pé _____ direita.
4. O João está sentado _____ esquerda, _____ avô.
5. A Ana está sentada _____ o João e o Pedro.
6. O Pedro está sentado _____ direita, _____ pai, o Afonso.
7. O avô António está _____ João.
8. O Afonso está de pé _____ mulher, a D. Helena.
9. A D. Helena está de pé _____ Ana.
10. O João está sentado _____ irmã, a Ana.

Unidade 43 Preposições de tempo

- **a**
  - **datas** (com dia do mês)
    O Natal é **a** 25 de Dezembro.

  - **dias da semana** (acção habitual)
    Ao(s) sábado(s) jantam sempre fora.

  - **horas**
    As aulas começam **às** 9h00.
    Almoçamos **ao** meio-dia (12h00).
    A festa acabou **à** meia-noite (24h00).
  - **partes do dia**
    Telefona-me **à noite**.
    À tarde nunca estou em casa.

- **de**
  - **datas**
    Ele nasceu a 20 **de** Fevereiro **de** 1980.
    Faço anos a 15 **de** Janeiro.

  - **de ... a**
    O ano lectivo é **de** Setembro **a** Junho.
    Têm aulas **das** 8h00 **ao** meio-dia.

  - **partes do dia**
    De manhã estão na escola.
    São 10h00 **da manhã**.
    Almoçamos à 1h00 **da tarde** e
    jantamos às 8h00 **da noite**.

- **em**
  - **datas** (com "dia")
    Vou de férias **no dia** 1 de Agosto.
  - **dias da semana** (acção pontual)
    No sábado vamos a uma festa de anos.
  - **épocas festivas**
    No Natal e **na** Páscoa vêm sempre a Portugal.
  - **estações do ano**
    No Inverno chove muito.

  - **meses**
    Os exames são **em** Julho.
  - **anos**
    Vasco da Gama chegou à Índia **em** 1498.
  - **séculos**
    A Madeira foi descoberta **no** século XV.

- **para**
  - **localização temporal**
    Preciso das cartas prontas **para** as 18h00.
    Para o ano que vem vou aos Estados Unidos.
    Eles chegam **para** a semana.

  - **horas**
    São dez **para** as cinco (16h50).

- **por**
  - **tempo aproximado**
    O concerto deve acabar **pelas** 10h00 da noite.
    Eles vêm a Portugal **pelo** Natal.
  - **período de tempo**
    Podes ficar com o livro **por** uma semana.
    Empresto-te o dinheiro **por** uns dias.

Unidade 43　Exercícios

43.1. Prencha com **a**, **de** ou **em** (contraídos ou não com o artigo).

1. ____ 10 ____ Agosto.
2. ____ nove ____ noite (21h00).
3. ____ próxima semana.
4. ____ fim-de-semana passado.
5. ____ véspera de Natal.
6. ____ férias ____ Verão.
7. ____ tarde.

8. ____ meio-dia (12h00).
9. ____ Julho ____ 1990.
10. ____ fim ____ ano.
11. ____ uma hora____tarde (13h00).
12. ____ dia 5 ____ Março.
13. ____ Primavera.
14. ____ Maio.

15. ____ manhã.
16. ____ cinco ____ tarde.
17. ____ meia-noite (24h00).
18. ____ Páscoa.
19. ____ 1994.
20. ____ oito ____ manhã (8h00).
21. ____ quatro e meia (16h30).

43.2. Complete com **para** ou **por** (contraído ou não com o artigo).

1. Alugámos a casa _____ dois meses.
2. A chegada do avião está prevista _____ as 14h35.
3. As férias começam _____ a semana.
4. A reunião foi adiada _____ sábado.
5. Podes ficar em minha casa _____ uns dias.
6. São cinco _____ as seis (17h55).
7. Eles disseram que voltavam _____ sete da tarde (19h00).
8. O carro está na garagem. Vou ficar sem ele _____ umas semanas.
9. _____ o ano acabo o curso na Universidade.
10. Foi eleito presidente do clube _____ 2 anos.

43.3. Complete com **a** ou **em** (contraídos com o artigo).

1. _____ domingo almoçamos sempre fora.
2. _____ domingo passado almoçámos em casa.
3. _____ sexta-feira _____ noite costumamos ir ao cinema.
4. _____ próxima sexta-feira temos uma festa de anos.
5. Temos aula de História _____ segundas-feiras.
6. _____ segunda que vem não temos, porque vamos visitar um museu.
7. Têm jogo de futebol _____ sábados.
8. _____ próximo sábado é feriado. Por isso não há jogo.

43.4. Complete com **a**, **de** ou **em** (contraídos ou não com o artigo).

1. O concerto começou _____ dez _____ noite (22h00) e acabou _____ meia-noite (24h00).
2. Ela trabalha muito durante a semana. Por isso, _____ fins-de-semana gosta de descansar.
3. O 25 de Abril foi _____ 1974.
4. Almoçamos _____ uma hora (13h00) e jantamos _____ oito (20h00).
5. Costumo fazer as compras _____ sábados _____ manhã.
6. O curso começa _____ 5 _____ Janeiro e termina _____ dia 30 _____ Março.
7. _____ dia _____ Natal a família reune-se em casa da avó.
8. A maioria das pessoas faz férias _____ Verão, mais precisamente _____ Agosto.
9. Tenho aulas todos os dias: _____ segunda _____ sexta.
10. O caminho marítimo para a Índia foi descoberto pelos portugueses _____ século XV.

Unidade 44 Interrogativos

• como...?
— **Como** é que se chama?
— Ana Ramos.
— **Como** é que está o tempo no Algarve?
— Está muito calor.
— **Como** está o senhor?
— Bem, obrigado.

— **Como** é a nova secretária?
— É alta, morena e muito simpática.
— **Como** é a vossa casa?
— É grande. Tem 6 assoalhadas.
— **Como** é que vais para a escola?
— Vou de autocarro.

• quem...? (pessoas)
— **Quem** é aquela senhora?
— É a nova professora.
— **De quem** são esses livros?
— São meus.
— **A quem** é que emprestaste o dicionário?
— Ao João.

— **Para quem** é essa prenda?
— É para a minha namorada.
— **Com quem** é que vieste?
— Com os meus pais.

• onde...? (local)
— **Onde** está a minha caneta?
— Está em cima da mesa.
— **De onde** és?
— Sou de Lisboa.
— **Aonde** vais?
— Vou ao supermercado.

— **Para onde** vão?
— Vamos para casa.
— **Por onde** vieram?
— Viemos pela ponte.

• quanto(s) / quanta(s)...?
— **Quanto** é um bilhete de ida e volta?
— São 7.48 €.
— **Quanto tempo** demora a viagem?
— 3 horas.
— **Há quanto tempo** estás na paragem?
— Há meia hora (30 m).

— **Quantos** anos tens?
— Tenho 15.
— **Quantas** cadeiras há na sala?
— Há 6 cadeiras.

• quando...? (tempo)
— **Quando** é que vocês chegaram?
— Chegámos ontem à noite.

• o que...?
— **O que** é que fizeste no sábado?
— Fui à praia.

• que...?
— **Que** horas são?
— É meio-dia.
— **Que** dia é hoje?
— Hoje é sexta-feira.
— **A que** horas chega o avião?
— Às 9h40.

• o quê?
— Ele foi despedido.
— **O quê?** Não acredito.

• porquê?
— Afinal já não vou sair.
— **Porquê?** Estás doente.

— **Em que** ano nasceste?
— Em 1970.
— **De que** cor é o teu carro?
— É preto.
— **Porque** é que faltaste às aulas?
— Porque estive doente.

• qual / quais...?
— **Qual** é a profissão dele?
— É médico.

— **Quais** são os teus livros? Estes ou aqueles?
— São estes.

N.B.: Os interrogativos são frequentemente reforçados pela expressão de realce **é que**:
   • antes do verbo que acompanha o interrogativo
      Onde **é que** moras?
      Como **é que** te chamas?
   • depois do substantivo que acompanha o interrogativo
      Quanto tempo **é que** demora a operação?

Unidade 44 Exercícios

44.1. Complete com: **quantos/quantas/como/onde/qual/o que/de que cor/quanto tempo/quem/a que horas**.

1. — _____ é aquele rapaz?
   — É o meu irmão.
2. — _____ começam as aulas?
   — Às 8 horas.
3. — _____ é a bandeira portuguesa?
   — É verde e encarnada.
4. — _____ é que estás a ler?
   — Um romance.
5. — _____ é o teu chapéu de chuva?
   — É aquele.

6. — _____ demorou a viagem?
   — Demorou cerca de quatro horas.
7. — _____ anos tem a Joana?
   — 18 anos.
8. — _____ vezes tomas o remédio?
   — 3 vezes por dia.
9. — _____ foi a festa?
   — Foi óptima.
10. — _____ é que vives?
    — Em Lisboa.

44.2. Faça perguntas para obter como resposta a parte destacada da frase.

1. A viagem foi **cansativa**.   *Como foi a viagem?*
2. Demorámos **seis horas**.   _____?
3. Chegámos **por volta das 19h00**. _____?
4. Fomos directos **para o hotel**.   _____?
5. **Desfizemos as malas**.   _____?
6. Jantámos **num pequeno restaurante**. _____?
7. Comemos **bife com batatas fritas**. _____?
8. Voltámos **a pé** para o hotel.   _____?
9. A noite estava **quente**.   _____?
10. Deitámo-nos cedo **porque estávamos cansados**. _____?

44.3. Complete com:

onde / preposição + onde

1. — _____ fica o supermercado?
   — Na Av. da República.
2. — _____ vão nas férias?
   — Para Cabo Verde.
3. — _____ vieram?
   — Pela autoestrada.
4. — _____ és?
   — De Lisboa.

quem / preposição + quem

1. — _____ é que encontraste?
   — O João e a Ana.
2. — _____ deste o recado?
   — À empregada.
3. — _____ são as flores?
   — Para a minha mãe.
4. — _____ estão a falar?
   — Da nova professora.

o que / que / preposição + que

1. — _____ é isso?
   — São postais.
2. — _____ horas são?
   — É meio-dia.
3. — _____ horas chega o comboio?
   — Às 19h30.
4. — _____ ano foi a revolução?
   — Em 1974.

quanto / quantos / quantas

1. — _____ é que ganhas?
   — 997.60 €.
2. — _____ alunos há na turma?
   — 30.
3. — _____ pessoas morreram?
   — 6.
4. — _____ é?
   — São 1.75 €.

Unidade 45 Indefinidos

	Indefinidos variáveis			
	singular		plural	
	masculino	feminino	masculino	feminino
Pessoas ou coisas	algum	alguma	alguns	algumas
	nenhum	nenhuma	nenhuns	nenhumas
	muito	muita	muitos	muitas
	pouco	pouca	poucos	poucas
	tanto	tanta	tantos	tantas
	todo	toda	todos	todas
	outro	outra	outros	outras

- **algum**… /**nenhum**…
  — Há **algum** lugar livre?
  — Não, não há **nenhum**.
  Alguns alunos não puderam vir.
  Não vieram **nenhuns** (alunos) do 10° ano.

- **muito**… /**pouco**…
  A avó tem **muita** paciência para as crianças.
  Ela tem **pouca** paciência.
  Ainda estão **muitas** pessoas no estádio?
  Não. Já estão **poucas**.

- **tanto**…
  Podem apanhar laranjas. Há **tantas** na árvore.
  Estão **tantos** polícias à porta do banco.

- **todo**…
  Vou **todos** os dias à escola.
  Todos os meus amigos vieram à festa.
  Vamos jantar. Está **toda** a gente com fome.

- **outro**…
  Este bolo está óptimo. Dê-me **outro**.
  A secretária despediu-se. Vamos contratar **outra**.

	Indefinidos invariáveis	
Pessoas	alguém	ninguém
Coisas	tudo	nada

- **alguém**… /**ninguém**…
  — Está **alguém** no escritório?
  — A esta hora _não_ está lá **ninguém**.
  Alguém partiu o vidro.
  Ninguém me disse o que se passava.

- **tudo**… /**nada**…
  Ele comeu **tudo**: a sopa, o bife com arroz e a fruta.
  Sem os óculos _não_ vejo **nada**.

Unidade 45   Exercícios

45.1. Complete com os **indefinidos variáveis** e **invariáveis**.

1. — Encontraste _alguém_ no café?
   — Não, não encontrei _ninguém_.
2. — Está ali _____ a chamar-nos.
   — Onde? Não vejo _____.
3. — Bebeste o leite _____?
   — Já bebi _____. Não quero mais _____.
4. — Percebeste _____ coisa?
   — Não, não percebi _____.
5. — Fizeste os exercícios _____?
   — Fiz _____ sozinho.
6. — Tens _____ amigo no Canadá?
   — Não, não tenho lá _____ amigo.

45.2. Complete com os **indefinidos variáveis** e **invariáveis**.

1. Saiu sem dizer absolutamente _____.
2. Depois da festa estivemos a arrumar _____.
3. Ela vai à escola _____ os dias.
4. Fiquei o dia _____ em casa.
5. As crianças desarrumaram o quarto _____.
6. A Mary está a estudar em Portugal e já tem _____ amigas portuguesas.
7. _____ os anos trocam de carro.
8. Tenho _____ dinheiro. Por isso, não vou de férias.
9. _____ me roubou a carteira.
10. Perdi o dinheiro _____. Procurei em _____ a parte, mas não encontrei _____.
11. Não tenho _____ em casa. Tenho de ir às compras.
12. Esta caneta não escreve. Preciso de _____.
13. Esse realizador é desconhecido. _____ o conhece.
14. Ela é famosíssima. _____ a gente a conhece.
15. _____ empregados não vieram. Da fábrica não veio _____.

45.3. Complete com os **antónimos dos indefinidos** destacados, fazendo as alterações necessárias.

1. Está **alguém** à nossa espera?
   Não está ninguém à nossa espera?
2. Ele comeu **tudo**.
   Ele não comeu nada.
3. Encontrámos **muitas** pessoas conhecidas.
   Encontrámos poucas pessoas conhecidas.
4. Há **alguma** sala livre?
   _____?
5. Está **alguém** no escritório?
   _____?
6. Ela arrumou **tudo**.
   _____.
7. Deram-lhe **algumas** informações?
   _____?
8. Ele bebe **muito** leite.
   _____.

9. Há **algum** feriado este mês?
   _____?
10. As crianças desarrumaram **tudo**.
   _____.
11. Amanhã tenho **algum** tempo livre.
   _____.
12. **Muita** gente os conhece.
   _____.
13. Visitámos **alguns** locais de interesse.
   _____.
14. Hoje tive **muito** trabalho.
   _____.
15. **Alguém** telefonou enquanto estive fora?
   _____?
16. O João acha que sabe **tudo**.
   _____.

Unidade 46 Relativos

Antecedente	Relativos invariáveis
Pessoas e/ou coisas	que
Pessoas	quem
Lugares	onde

- os relativos fazem referência a pessoas, coisas ou lugares que os antecedem.
- o relativo **quem** está geralmente precedido de uma preposição.
- o relativo **onde** exprime uma circunstância de lugar.

• que

As pessoas eram muito simpáticas. Conhecemo-las na festa.	*2 frases*
As pessoas **que** conhecemos na festa eram muito simpáticas.	*1 frase*
Encontrei uma amiga. Não a via há muito tempo.	*2 frases*
Encontrei *uma amiga* **que** não via há muito tempo.	*1 frase*
O filme ganhou 4 óscares. Vamos vê-lo hoje.	*2 frases*
O filme **que** vamos ver hoje ganhou 4 óscares.	*1 frase*
Viste a mala? A mala estava em cima da cadeira.	*2 frases*
Viste *a mala* **que** estava em cima da cadeira?	*1 frase*

• quem

O professor vai na excursão. Estivemos a falar com ele.	*2 frases*
O professor **com quem** estivemos a falar vai na excursão.	*1 frase*

• onde

O restaurante era óptimo. Nós fomos lá.	*2 frases*
O restaurante **onde** fomos era óptimo.	*1 frase*

Antecedente	Relativos variáveis			
Pessoas ou coisas	singular		plural	
	masculino	feminino	masculino	feminino
	o qual	a qual	os quais	as quais
	cujo	cuja	cujos	cujas

- os relativos **o/a qual**, **os/as quais** concordam em género e número com o antecedente e usam-se geralmente precedidos de preposição.
- os relativos **cujo(s)**, **cuja(s)** indicam posse e concordam em género e número com o substantivo que precedem.

• o qual...

O teste correu-me bem. Estudei muito para o teste.	*2 frases*
O teste **para o qual** estudei muito correu-me bem.	*1 frase*
Os amigos chegam amanhã. Falei-te deles.	*2 frases*
Os amigos **dos quais** te falei chegam amanhã.	*1 frase*

• cujo...

Fomos a um restaurante. O dono do restaurante é um amigo nosso.	*2 frases*
Fomos a um restaurante **cujo** *dono* é um amigo nosso.	*1 frase*
O meu avô vive sozinho. A mulher dele morreu há um ano.	*2 frases*
O meu avô, **cuja** *mulher* morreu há um ano, vive sozinho.	*1 frase*

Unidade 46   Exercícios

46.1. Complete com **que, quem** ou **onde**.

1. Gosto muito da casa _onde_ moro.
2. O João é um amigo _____ já me ajudou muito.
3. O rapaz de _____ te falei vem cá hoje.
4. Os livros _____ tu precisas estão todos na biblioteca.
5. O hotel _____ ficámos era óptimo.
6. Os sapatos _____ comprei não são confortáveis.
7. Ela não recebeu a carta _____ eu lhe escrevi.
8. Já viste as fotografias _____ a Ana tirou?
9. O professor com _____ tivemos aulas vai-se embora.
10. Lisboa é a cidade _____ se vai realizar a Expo 98.

46.2. Substitua o relativo invariável pela forma variável correspondente.

1. A camioneta **em que** viajámos tinha ar condicionado.
   A camioneta na qual viajámos tinha ar condicionado.
2. O vizinho **com quem** me dou muito bem vai mudar de casa.
   _____
3. A reunião **para que** fomos convocados foi adiada.
   _____
4. O campeonato **em que** eles participam começou ontem.
   _____
5. Os jogadores **de que** todos falam deixaram o clube.
   _____
6. O concerto **a que** assistimos acabou muito tarde.
   _____

46.3. Substitua a parte destacada pelo relativo **cujo(s), cuja(s)**.

1. A rapariga **de olhos azuis** é a irmã da Ana.
   A rapariga, cujos olhos são azuis, é a irmã da Ana.
2. O quarto **com as paredes cor-de-rosa** é o mais bonito.
   _____
3. Os alunos **com os melhores resultados** ganharam uma bolsa de estudo.
   _____
4. Os futebolistas **com a camisola às riscas** são da equipa adversária.
   _____
5. O dicionário **de capa encarnada** é o de português.
   _____
6. O homem **de casaco preto** é o meu professor.
   _____

46.4. Ligue as duas frases com um **relativo**.

1. Os produtos são para exportação. Os produtos são feitos nesta fábrica.
   Os produtos que são feitos nesta fábrica são para exportação.
2. Lisboa é uma cidade em festa na noite de 12 para 13 de Junho. O seu padroeiro é o Santo António.
   _____
3. O empregado era muito simpático. Nós falámos com ele.
   _____
4. Passei no exame. Estudei muito para o exame.
   _____
5. Qual é o nome do hotel? Nós ficámos no hotel.
   _____
6. A senhora ainda está no estrangeiro. Aluguei a casa à senhora.
   _____
7. A história era mentira. Eles contaram a história.
   _____
8. Isso é uma afirmação. Eu não concordo com ela.
   _____
9. Viste o dinheiro? O dinheiro estava em cima da mesa.
   _____
10. O médico era muito competente. Ele atendeu-me.
   _____

Unidade 47 poder, conseguir, saber, conhecer, dever, ter de/que, precisar de

- **poder**
  - **possibilidade / oportunidade**
    Ele tem tido muito trabalho. Só agora é que **pode** tirar férias.
    Hoje não **posso** ir com vocês.
  - **proibição (negativa)**
    Não se **pode** fumar nos transportes públicos.
    O senhor **não pode** estacionar aqui o carro.
  - **pedir / dar autorização**
    — **Posso** entrar?
    — **Pode, pode.**

- **conseguir**
  - **capacidade física / mental**
    Ele não **consegue** estudar com barulho.
    — **Consegues** ver alguma coisa?
    — Não. Sem óculos não **consigo** ver nada.

- **saber**
  - **ter conhecimentos para**
    — **Sabes** trabalhar com esta máquina?
    — Não, não **sei**.
    A minha mãe **sabe** falar russo.

- **conhecer**
  - **já ter visto / já ter ido**
    — **Conheces** o irmão da Ana?
    — **Conheço**, foi meu colega na escola.
    Ainda não **conheço** a tua casa nova.

- **dever**
  - **probabilidade**
    É meia-noite. A estas horas não **deve** estar ninguém no escritório.
  - **obrigação moral** (o que está certo)
    Um jornalista **deve** ter cultura geral.
    Não **devias** fumar. Faz mal à saúde.

- **ter de / que**
  - **forte necessidade**
    Tenho que tomar o antibiótico 3 vezes por dia.
  - **obrigação**
    Em Portugal os homens **têm de** fazer o serviço militar.

- **precisar de**
  - **necessidade**
    Vou ao banco. **Preciso de** levantar dinheiro.
    Vou às compras. A minha mãe **precisa de** ovos, açúcar e manteiga para fazer um bolo.

Unidade 47   Exercícios

47.1. Complete com **poder, conseguir, saber, conhecer** na forma correcta.

1. _Podia_ dizer-me as horas, por favor?
2. Não _____ tocar piano. Nunca aprendi.
3. A Ana não _____ sair. Tem exame amanhã.
4. _____ fazer um telefonema?
5. Não _____ abrir a janela. Ajudas-me?
6. — _____ nadar?
   — _____, mas não muito bem.
7. Estava cansadíssimo, mas não _____ dormir.
8. — _____ o Porto?
   — Não, não _____.
9. Ele não _____ ir à festa no sábado. Estava doente.
10. Não _____ ver nada. Está muita gente à minha frente.
11. Não _____ falar espanhol, mas _____ perceber quase tudo.
12. — _____ os meus pais?
    — Muito prazer. Como estão?
13. Esse rio é perigoso. Não se _____ tomar banho.
14. Ela falou tão depressa que nós não _____ compreender nada.
15. _____ o Algarve muito bem. Vivi em Faro durante 10 anos.

47.2. Complete com **precisar de** na forma correcta.

1. Estás a ficar muito gorda.
   (fazer ginástica) _Precisas de fazer ginástica._
2. A roupa está suja.
   (lavar) _Precisa de ser lavada._
3. Os elevadores não funcionam.
   (arranjar) _____
4. Não tenho nada em casa.
   (ir às compras) _____
5. Ele tem o cabelo muito comprido.
   (cortar o cabelo) _____

47.3. Complete com **dever** na forma correcta.

A

1. — Sabes se a Ana está em casa?
   — (provavelmente está) _Deve estar._
2. — De quem é este dicionário de português?
   — (provavelmente é da Mary) _____
3. — Ninguém atende o telefone.
   — (provavelmente estão de férias) _____
4. — Estou com febre.
   — (provavelmente estás com gripe) _____
5. — Ainda não foste ver esse filme?
   — (provavelmente vou amanhã) _____
6. — Houve um acidente na auto-estrada.
   — (provavelmente ele chega atrasado) _____

B

1. Estás muito gordo. _Devias_ comer menos.
2. Vocês não _____ fumar. Faz mal à saúde.
3. Se não te sentes bem _____ ir ao médico.
4. Eles convidaram-nos para a festa. _____ telefonar a agradecer.
5. _____ sair agora, senão chegas atrasado.
6. O filme é muito violento. Acho que tu não o _____ ver.

47.4. Complete com **ter de / que** na forma correcta.

1. _Temos de_ ganhar o jogo hoje. É a nossa última oportunidade.
2. O banco está quase a fechar. (Eu) _____ sair já.
3. Eles compraram o andar. Mas, para isso, _____ pedir um empréstimo.
4. O filme é óptimo. (Vocês) _____ vê-lo.
5. Se queres passar no exame, _____ estudar mais.
6. Ainda fico a trabalhar. _____ acabar estas cartas.

Unidade 48 Gerúndio simples; ir + gerúndio

Vão descendo que eu já vou.

Indo de táxi é mais rápido.

	Verbos terminados em:		
	-ar	**-er**	**-ir**
Infinitivo	fala*r*	come*r*	abri*r*
Gerúndio	**fala<u>ndo</u>**	**come<u>ndo</u>**	**abri<u>ndo</u>**

- Usamos **o gerúndio** para:
  - substituir uma oração coordenada
    Assaltaram a casa **e levaram** todos os valores.
    Assaltaram a casa, **levando** todos os valores.
  - exprimir uma circunstância de tempo
    Quando viu o carro, parou.
    Vendo o carro, parou.
  - indicar o modo
    Ela ouvia **com lágrimas** nos olhos o relato do acidente.
    Ela ouvia, **chorando**, o relato do acidente.

Realização gradual
ir + gerúndio

eu	**vou**	
tu	**vais**	
você ele ela	**vai**	**andando** **escrevendo**
nós	**vamos**	
vocês eles elas	**vão**	**fazendo**

Vão andando que nós estamos quase prontos.
Vai chamando o táxi que eu já desço.
Enquanto a mãe faz o almoço, a Ana **vai pondo** a mesa.
Enquanto o professor não chega, os alunos **vão lendo** o texto.

Unidade 48   Exercícios

48.1. Complete as frases substituindo a parte destacada pelo **gerúndio**.

1. **Quando chego** a casa, abro logo a televisão.
   Chegando a casa, abro logo a televisão.
2. Junte o açúcar com a manteiga **e misture** bem.
   Junte o açúcar com a manteiga, _____.
3. As crianças entraram na escola **a cantar** e **a rir**.
   As crianças entraram na escola, _____.
4. Ela ganha a vida **a fazer** comida para fora.
   Ela ganha a vida _____.
5. A mãe ouvia **com um sorriso** as histórias do filho.
   A mãe ouvia _____.
6. **Quando durmo** pouco, fico com dores de cabeça.
   _____, fico com dores de cabeça.

48.2. Como...?

1. — Como é que os ladrões entraram?
   — *Partindo* (partir) o vidro.
2. — Como é que a nódoa sai?
   — _____ (esfregar) com força.
3. — Como é que se demora menos tempo?
   — _____ (ir) pela auto-estrada.
4. — Como é que se liga a máquina?
   — _____ (carregar) no botão.
5. — Como é que ele passou no exame?
   — _____ (copiar) pelo colega.
6. — Como é que partiste o braço?
   — _____ (cair) do escadote.
7. — Como é que conseguiste o emprego?
   — _____ (falar) com o director.
8. — Como é que arranjaram o dinheiro?
   — _____ (pedir) um empréstimo ao banco.
9. — Como é que resolveste o problema?
   — _____ (comprar) um segundo carro.
10. — Como é que vocês ganharam o campeonato?
    — _____ (trabalhar) muito.

48.3. Complete com **ir + gerúndio**.

A

Enquanto o professor não chega, os alunos ...

1. *vão lendo o texto* (ler o texto).
2. _____ (escrever a composição).
3. _____ (fazer os exercícios).
4. _____ (ouvir a cassete).
5. _____ (estudar a gramática).
6. _____ (preparar a lição).

B

Enquanto a D. Rita vai às compras, a empregada ...

1. *vai fazendo as camas* (fazer as camas).
2. _____ (arrumar os quartos).
3. _____ (limpar o pó).
4. _____ (estender a roupa).
5. _____ (preparar o almoço).
6. _____ (pôr a mesa).

C

Enquanto o senhor doutor está na reunião, eu ...

1. *vou telefonando aos clientes* (telefonar aos clientes).
2. _____ (fazer os relatórios).
3. _____ (traduzir a carta).
4. _____ (arquivar os processos).
5. _____ (tirar fotocópias).
6. _____ (preencher os impressos).

Unidade 49 desde e há

- **desde** e **há** (expressões de tempo em relação ao presente).

   Hoje é sexta.
   Não vejo o João e a Ana **desde segunda**.
   Não os vejo **há cinco dias**.
- Usamos **desde** para indicar **o começo** de um **período de tempo**.

começo do
período
de tempo

| segunda | **desde** segunda |
| passado | | agora |

desde	segunda ontem as 10 horas o dia 20 de Julho Março 1990

- Usamos **há** para indicar o **período de tempo**.

| | **há** cinco dias | |
| passado | 2ª   3ª   4ª   5ª   6ª | agora |

há	um dia cinco dias uma hora uma semana dois meses três anos

Compare:

Ele está de férias **desde a semana passada**.
Ele está de férias **há uma semana**.
Ando a tirar o curso **desde 1990**.
Ando a tirar o curso **há quatro anos**.
Conheço-a **desde 1970**.
Conheço-a **há muito tempo**.

- **há** (expressão de tempo em relação ao passado).

   Ela saiu de casa **há** meia hora.
   — Quando é que chegaste?
   — **Há** dez minutos.
   Estive com o Paulo **há dois dias**.

| **há dois dias** | | |
| anteontem | ontem | hoje |

há	dez minutos uma hora dois dias três meses um ano

- Usamos **há** para indicar um **momento no passado**. Nestes casos o verbo está sempre no passado.

Unidade 49 Exercícios

49.1. Complete com **desde** ou **há**.

1. Ele saiu _____ cinco minutos.
2. Ando a ler o livro _____ duas semanas.
3. Ela estuda inglês _____ os quatro anos.
4. Estou à espera do autocarro _____ meia hora.
5. A casa está alugada _____ Janeiro.
6. Estivemos em Paris _____ três anos.
7. Não vou ao teatro _____ muito tempo.
8. Comprei o carro _____ dois meses.
9. O João está doente _____ quarta-feira.
10. Não ando de bicicleta _____ criança.

49.2. Faça frases com **desde** e **há**.

1. São dez da manhã. Acordei às 8h00.
   Estou acordada desde as 8h00.
   Estou acordada há duas horas.
2. Estamos em Agosto. Eles foram viver para o Porto em Janeiro.
   Eles vivem _____ .
   Eles vivem _____ .
3. Hoje é sexta-feira. Falei com ele na segunda-feira.
   Não o vejo _____ .
   Não o vejo _____ .
4. É meio-dia. Tomei o pequeno-almoço às 7h00.
   Já não como _____ .
   Já não como _____ .
5. Hoje é dia 15. Mudaram para a casa nova no dia 1.
   Estão na casa nova _____ .
   Estão na casa nova _____ .

49.3. Complete com **desde** e **há**.

1. Eles estão casados _____ 1970. Estão casados _____ mais de vinte anos.
2. Ontem encontrei o João. Já não o via _____ imenso tempo, _____ os tempos da escola.
3. São 14h00. Estou a estudar _____ meia hora. Estou a estudar _____ as 13h30.
4. Vou telefonar aos meus pais. Já não falo com eles _____ uns meses, mais precisamente _____ o Natal.
5. O professor está doente. Não temos aulas _____ quinta-feira, _____ quase uma semana.

49.4. Responda às seguintes perguntas com **desde** ou **há**.

1. Há quanto tempo não lê o jornal? (ontem) _____ .
2. Quando é que chegaram? (cinco minutos) _____ .
3. Há quanto tempo estuda português? (1992) _____ .
4. Desde quando é que vives aqui? (Dezembro) _____ .
5. Quando é que foi a estreia? (quinze dias) _____ .
6. Há quanto tempo estás à espera? (duas horas) _____ .
7. Há quanto tempo estás à espera? (as duas horas) _____ .
8. Há quanto tempo não anda de avião? (os cinco anos) _____ .
9. Há quanto tempo não anda de avião? (cinco anos) _____ .

Unidade 50   haver; haver de + infinitivo

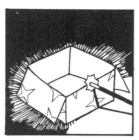

Não **há** nada dentro da caixa.

Há um coelho dentro da caixa.

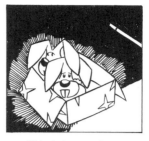

Há dois coelhos dentro da caixa.

Verbo haver / forma impessoal						
presente	p.p.s.	imperfeito	pret. perf. composto	pret. mais-que-perf. composto	futuro	condicional
há	**houve**	**havia**	**tem havido**	**tinha havido**	**haverá**	**haveria**

- o verbo **haver** pode ser equivalente a:
  - **ter**
    Há morangos para a sobremesa. (= Temos morangos para a sobremesa.)
  - **dar / ser transmitido**
    Hoje **há** um bom filme na televisão. (= Hoje dá/é transmitido um bom filme na televisão.)
  - **estar**
    Havia muita gente na rua àquela hora. (= Estava muita gente na rua àquela hora.)
  - existir
    Há várias teorias sobre esse assunto. (= Existem várias teorias sobre esse assunto.)
  - **acontecer / passar-se**
    O que é que **houve**? (= O que é que aconteceu/se passou?)

Futuro - Intenção/convicção

	haver de + infinitivo	
eu	**hei-de**	
tu	**hás-de**	
você ele ela	**há-de**	**fazer** **ir** **ser**
nós	**havemos de**	
vocês eles elas	**hão-de**	

- Usamos **haver de + infinitivo** para exprimir forte **intenção** ou **convicção** relativamente a acções ou factos futuros.

— O que é que queres ser mais tarde?

— **Hei-de ser** médico.

Fomos a Évora. É uma cidade tão bonita que **havemos de voltar** lá.

— Já encontraste a tua mala?

— Ainda não, mas **hei-de encontrar**.

Unidade 50   Exercícios

50.1. Substitua o verbo destacado pela forma correcta do verbo **haver**.

1. Ontem não **tivemos** aulas.
   Ontem não houve aulas.

2. Ainda **estão** duas pessoas na sala de espera.
   _____.

3. **Temos tido** muito trabalho ultimamente.
   _____

4. Ontem à noite **deu** um programa muito interessante na TV.
   _____.

5. Antigamente **existia** um café naquela esquina.
   _____.

6. Amanhã **temos** uma visita de estudo aos Jerónimos.
   _____

7. Tu não estás bem. O que é que **aconteceu**?
   _____?

8. Depois da palestra, **tivemos** um debate.
   _____

9. **Temos** tempo para tomar um café?
   _____

10. **Está** alguém no escritório a esta hora?
    _____

11. Não, não **está** lá ninguém.
    _____.

12. Depois do sorteio, **teremos** uma festa-convívio.
    _____

13. Disseram que no próximo ano **teriam** mais bolsas de estudo para atribuir.
    _____.

50.2. A Ana está a conversar com a Rita sobre o cruzeiro que tenciona fazer ao Mediterrâneo. Complete o diálogo com **haver de + infinitivo** na forma correcta.

Ana: Um cruzeiro pelo Mediterrâneo *há-de ser* (ser) uma experiência muito interessante. Eu _____ (conhecer) outras terras e outros povos.

Rita: Sim e tu _____ (aprender) muito sobre os costumes desses países.

Ana: Eu e o meu marido _____ (tirar) fotografias para te mostrarmos.

Rita: Óptimo. Acho que vocês nunca _____ (esquecer) essas férias. _____ (divertir-se) bastante e depois _____ (contar)-me tudo.

Ana: Claro e um dia, quem sabe, _____ (ir) tu connosco.

50.3. Substitua o futuro por **haver de + infinitivo** na forma correcta.

1. Eles **serão** contactados ainda hoje.
   Eles hão-de ser contactados ainda hoje.

2. Da próxima vez **farás** o que o médico te aconselhar e tudo **correrá** bem.
   _____.

3. Seguindo as indicações do mapa, **encontrarão** facilmente o hotel.
   _____

4. Durante a nossa estada em Lisboa, **visitaremos** o Mosteiro dos Jerónimos.
   _____

5. Faz como te expliquei e não **haverá** problemas.
   _____

6. Eles gostaram imenso de Veneza. Um dia, também eu lá **irei**.
   _____

Apêndice 1

Lista de Verbos

Presente e Pretérito Perfeito Simples do Indicativo

			eu	tu	você ele/ela	nós	vocês eles/elas
Regulares	fal**ar**	P.I	fal**o**	-as	-a	-amos	-am
	beb**er**		beb**o**	-es	-e	-emos	-em
	abr**ir**		abr**o**	-es	-e	-imos	-em
	-ar	P.P.S	**-ei**	-aste	-ou	-ámos	-aram
	-er		**-i**	-este	-eu	-emos	-eram
	-ir		**-i**	-iste	-iu	-imos	-iram
dar	P.I		dou	dás	dá	damos	dão
		P.P.S	dei	deste	deu	demos	deram
estar	P.I		estou	estás	está	estamos	estão
		P.P.S	estive	estiveste	esteve	estivemos	estiveram
dizer	P.I		digo	dizes	diz	dizemos	dizem
		P.P.S	disse	disseste	disse	dissemos	disseram
fazer	P.I		faço	fazes	faz	fazemos	fazem
		P.P.S	fiz	fizeste	fez	fizemos	fizeram
trazer	P.I		trago	trazes	traz	trazemos	trazem
		P.P.S	trouxe	trouxeste	trouxe	trouxemos	trouxeram
haver	P.I				há		
		P.P.S			houve		
ler	P.I		leio	lês	lê	lemos	lêem
		P.P.S			Regular		
ver	P.I		vejo	vês	vê	vemos	vêem
		P.P.S	vi	viste	viu	vimos	viram
perder	P.I		perco	perdes	perde	perdemos	perdem
		P.P.S			Regular		
poder	P.I		posso	podes	pode	podemos	podem
		P.P.S	pude	pudeste	pôde	pudemos	puderam
querer	P.I		quero	queres	quer	queremos	querem
		P.P.S	quis	quiseste	quis	quisemos	quiseram
saber	P.I		sei	sabes	sabe	sabemos	sabem
		P.P.S	soube	soubeste	soube	soubemos	souberam
ser	P.I		sou	és	é	somos	são
		P.P.S	fui	foste	foi	fomos	foram
ter	P.I		tenho	tens	tem	temos	têm
		P.P.S	tive	tiveste	teve	tivemos	tiveram
vir	P.I		venho	vens	vem	vimos	vêm
		P.P.S	vim	vieste	veio	viemos	vieram
dormir	P.I		durmo	dormes	dorme	dormimos	dormem
		P.P.S.			Regular		
ir	P.I		vou	vais	vai	vamos	vão
		P.P.S	fui	foste	foi	fomos	foram
ouvir	P.I		ouço/oiço	ouves	ouve	ouvimos	ouvem
		P.P.S			Regular		
pedir	P.I		peço	pedes	pede	pedimos	pedem
		P.P.S			Regular		
sair	P.I		saio	sais	sai	saímos	saem
		P.P.S	saí	saíste	saiu	saímos	saíram
servir	P.I		sirvo	serves	serve	servimos	servem
		P.P.S			Regular		
subir	P.I		subo	sobes	sobe	subimos	sobem
		P.P.S			Regular		
pôr	P.I		ponho	pões	põe	pomos	põem
		P.P.S	pus	puseste	pôs	pusemos	puseram
haver de	P.I (auxiliar)		hei-de	hás-de	há-de	havemos de	hão-de

Apêndice 1

Lista de Verbos

Pretérito Imperfeito do Indicativo

		eu	tu	você/ ele/ela	nós	vocês/ eles/elas
Regulares	-ar	-ava	-avas	-ava	-ávamos	-avam
	-er	-ia	-ias	-ia	-íamos	-iam
	-ir	-ia	-ias	-ia	-íamos	-iam
ser	Imp.	era	eras	era	éramos	eram
ter	Imp.	tinha	tinhas	tinha	tínhamos	tinham
vir	Imp.	vinha	vinhas	vinha	vínhamos	vinham
pôr	Imp.	punha	punhas	punha	púnhamos	punham

Futuro Imperfeito do Indicativo

	eu	tu	você/ ele/ela	nós	vocês/ eles/elas
Regulares	-ei	-ás	-á	-emos	-ão
dizer	direi	dirás	dirá	diremos	dirão
fazer	farei	farás	fará	faremos	farão
trazer	trarei	trarás	trará	traremos	trarão

Condicional Presente

	eu	tu	você/ ele/ela	nós	vocês/ eles/elas
Regulares	-ia	-ias	-ia	-íamos	-iam
dizer	diria	dirias	diria	diríamos	diriam
fazer	faria	farias	faria	faríamos	fariam
trazer	traria	trarias	traria	traríamos	trariam

Apêndice 2

Pronomes Pessoais

Sujeito	Complemento				Reflexo
	Indirecto	Directo	Com preposição	Com preposição "com"	
eu	me	me	mim	comigo	me
tu	te	te	ti	contigo	te
você		o, a	si	consigo	
o senhor		o	si (o senhor)	consigo (com o senhor)	
a senhora	lhe	a	si (a senhora)	consigo (com a senhora)	se
ele		o	ele	com ele	
ela		a	ela	com ela	
nós	nos	nos	nós	connosco	nos
vocês			vocês	com vocês	
os senhores	vos	vos	os senhores	convosco	
as senhoras			as senhoras	convosco	se
eles		os	eles	com eles	
elas	lhes	as	elas	com elas	

Alterações sofridas pelas formas de <u>complemento directo</u> **o, a, os, as**:

- ~~r~~ ⎫
- ~~s~~ ⎬ **l**
- ~~z~~ ⎭

Vou compra**r** <u>as laranjas</u>. ——⟶ Vou comprá-**las**.

Tu lava**s** <u>os morangos</u>. ——⟶ Tu lava-**los**.

Tra**z** <u>o livro</u> amanhã. ——⟶ Trá-**lo** amanhã.

- -m ⎫
- -ão ⎬ **n**
- -õe ⎭

Faça**m** <u>o trabalho</u>. ——⟶ Faça<u>m</u>-**no**.

Eles d**ão** <u>as informações</u>. ——⟶ Eles dã<u>o</u>-**nas**.

P**õe** <u>o chapéu</u>. ——⟶ Põe-**no**.

☞ | Excepções:

Ele quer <u>o bolo</u>. ——⟶ Ele quer<u>e</u>-o.

Tu tens <u>a caneta</u>? ——⟶ Tu te<u>m</u>-la.

Apêndice 3

Plural dos substantivos e adjectivos

Terminados em:

- **Vogal** ou **ditongo** (excepto - ão)

  mesa - mesas   irmã - irmãs
  cidade - cidades   pé - pés
  táxi - táxis   mãe - mães
  livro - livros   mau - maus
  peru - perus   céu - céus

  Ditongo - ão

  irmão - irmãos / mão - mãos
  alemão - alemães / pão - pães
  estação - estações / tostão - tostões

- **Consoante**

  - **l**
    - **al**: jornal — jornais
    - **el**: hotel - hotéis / pastel - pastéis / possível - possíveis
    - **il**: difícil - difíceis / fácil - fáceis
    - **ol**: espanhol - espanhóis
    - **ul**: azul - azuis

  - **m**
    bom - bons / homem - homens / jardim - jardins

  - **r**
    cor - cores / lugar - lugares / mulher - mulheres

  - **s**
    lápis - lápis
    país - países / português - portugueses

  - **z**
    feliz - felizes / rapaz - rapazes / vez - vezes

CHAVE DOS EXERCÍCIOS

Unidade 1

1.1.

2. somos
3. sou
4. são

5. és
6. é
7. é

8. são
9. somos
10. são

1.2.

2. sou/é
3. é
4. são
5. são
6. é

7. é
8. é
9. és
10. são
11. é

12. é
13. somos
14. é
15. é

1.3.

2. O futebol é um desporto muito popular.
3. Tu não és espanhol.
4. Elas são boas alunas.
5. Esta casa é moderna.
6. Nós somos secretárias.
7. O teste não é difícil.

8. Estes discos são da minha irmã.
9. A minha secretária é de madeira.
10. Aquela camisola não é cara.
11. Tu e o Miguel são amigos.
12. Eu sou magro.
13. A caneta é da Ana.

1.4.

3. O cão é um animal selvagem.
4. A gasolina é muito cara.
5. O avião é um meio de transporte rápido.
6. Portugal não é um país grande.
7. Nós somos estrangeiros.
8. Hoje (não) é quarta-feira.
9. Este prédio (não) é muito alto.

10. Os Alpes não são na Ásia.
11. A minha camisola (não) é de lã.
12. Vocês (não) são economistas.
13. Esta mala (não) é pesada.
14. Tu e ele (não) são amigos.
15. O rio Tejo é em Portugal.

Unidade 2

2.1.

1. estás
2. está
3. está
4. estamos

5. está
6. estão
7. estou

8. estão
9. estão
10. estamos

2.2.

1. está
2. está/estão
3. está
4. estou
5. estou

6. está
7. estão
8. está
9. estão
10. estão

11. está
12. estão
13. está/está
14. estamos
15. está

2.3.

2. Hoje está muito calor.
3. Os meus amigos estão na escola.
4. Eu estou na sala de aula.
5. A sopa não está muito quente.
6. Tu estás cansado.
7. Lá fora está muito frio.
8. O Pedro está deitado, porque está doente.

9. O almoço está pronto.
10. O cão não está com fome.
11. Eu e a Ana estamos com sono.
12. A D.Graça não está no escritório.
13. Ela está de férias.
14. Eles estão à espera do autocarro.
15. Vocês não estão em casa.

Unidade 3

3.1.

1. está
2. está
3. são
4. está
5. são
6. está
7. é
8. estou
9. está
10. estão
11. está
12. é
13. é/está
14. é
15. estão

3.2.

1. Hoje nós não estamos em casa à noite.
2. Eu estou cansado.
3. A minha mulher é professora.
4. O João está com fome.
5. Tu estás atrasado.
6. Esta sala é muito escura.
7. Eu não estou com sede.
8. Ela é de Lisboa.
9. De manhã está muito frio.
10. A Ana está no estrangeiro.
11. As canetas estão em cima da mesa.
12. Os bolos de chocolate são sempre muito doces.

3.3.

2. O quadro é muito interessante.
   O quadro está na parede
3. As mesas são grandes.
   As mesas estão sujas.
4. O supermercado é grande.
   O supermercado está aberto.
5. O empregado é simpático.
   O empregado está cansado.
6. Ele é inteligente.
   Ele está contente.

Unidade 4

4.1

2. está a fazer
3. está a tomar
4. estou a ver
5. estamos a compreender
6. está a chegar
7. está a beber
8. estou a ler
9. estão a brincar
10. está a chover

4.2.

3. Eu (não) estou a ouvir música.
4. Hoje (não) está a chover.
5. O telefone (não) está a tocar.
6. Eu (não) estou a ler o jornal.
7. Os meus colegas (não) estão a fazer exercícios.
8. Eu (não) estou a conversar.
9. Eu (não) estou a tomar café.
10. Eu (não) estou a comer uma banana.

4.3.

1. Ele está a apanhar sol.
2. Ele está a ver televisão.
3. Ela está a ler um livro.
4. Ele está a escrever uma carta.
5. Ele está a andar de bicicleta.
6. Ele está a atravessar a rua.

Unidade 5

5.1.

1. falo
2. mora
3. usas
4. compra
5. almoçamos
6. trabalham
7. pagam
8. tomam
9. fica

5.2.

1. fecham
2. fuma
3. moramos
4. ensina
5. gosto
6. jogam
7. levanto
8. ficamos
9. lava
10. usa
11. apanha
12. começa/acaba

5.3.

1. toca
2. falamos
3. trabalho
4. gosta
5. andam
6. estudam
7. tomo
8. paga
9. telefona
10. jantas
11. encontram
12. ganha
13. brincam

Unidade 6

6.1.
1. escreve
2. compreende
3. comemos
4. conheço

5. bebes
6. resolvem
7. desce
8. aqueço

9. vivo
10. correm
11. aprendem
12. esqueço

6.2.
1. bebemos/comemos
2. aprendem
3. parece
4. vivem

5. chove
6. escreve
7. compreendo
8. atende

9. esqueces
10. desço
11. conhece
12. responde

6.3.
2. Bebo.
3. Resolvo.
4. Conheço.
5. Aprendo.
6. Vivo.
7. Chove.

8. Escrevo.
9. Atendo.
10. Compreendo.
12. Bebemos.
13. Corremos.
14. Vivemos.

15. Conhecemos.
16. Compreendemos.
17. Descemos.
18. Aprendemos.
19. Resolvemos.
20. Recebemos.

Unidade 7

7.1.
1. sei
2. traz
3. vêem
4. digo
5. queremos
6. posso

7. põe
8. lêem
9. trago
10. quer
11. vejo
12. lê
13. faço

14. leio
15. põem
16. ponho
17. faz
18. perco
19. vêem
20. lêem

7.2.
2. lêem
3. fazem

4. sabe
5. vê

6. quer/quero
7. põe/ponho/põe

7.3.
2. Eu nunca vejo televisão.
3. Ela faz anos hoje.
4. Amanhã (eu) faço uma festa em casa.
5. (Eu) não sei o nome dela.
6. O sr. Ramos lê o jornal todos os dias.
7. Eu trago uma prenda para a Ana.
8. Eu não posso sair à noite.
9. Eles trazem os livros na pasta.

10. Eu leio o jornal todos os dias.
11. Ela sabe falar muitas línguas.
12. A empregada traz o pão de manhã.
13. Hoje (eu) quero ficar em casa.
14. Ele vê mal ao longe.
15. Eu já leio o jornal em português.
16. Eu nunca perco o chapéu de chuva.

Unidade 8

8.1.
1. abrem
2. peço
3. caímos
4. oiço/ouço
5. durmo
6. saem

7. consigo
8. subimos
9. sinto
10. vestes
11. parte

12. prefiro
13. vou
14. vêm
15. vamos
16. venho

8.2.
2. O empregado serve o café à mesa.
3. Ela sai com os amigos.
4. O senhor segue sempre em frente.
5. Os bancos abrem às 8h30.
6. Ela divide o bolo com os irmãos.

7. Eu prefiro ficar em casa.
8. O avião parte às 17h00.
9. Nós vamos ao cinema.
10. Eu não consigo estudar com barulho.
11. Eles vêm de autocarro.

8.3.

2. Consigo.
3. Durmo.
4. Vou.
5. Saio.
6. Peço.
7. Ouço/oiço.
8. Visto.

9. Vou.
10. Parto.
12. Subimos.
13. Vamos.
14. Ouvimos.
15. Partimos.

16. Conseguimos.
17. Vamos.
18. Preferimos.
19. Despimos.
20. Saímos.

Unidade 9

9.1.

2. (Eles) fazem reportagens.
   Agora estão a entrevistar um político.
   não estão.
3. (Ele) ensina português.
   Agora está a corrigir exercícios.
   está.

4. (Ela) escreve cartas.
   Agora está a atender o telefone.
   não está.
5. (Eles) estudam línguas.
   Agora estão a fazer exercícios.
   estão.

9.2.

2. vêem
3. estou a arranjar
4. bebe/come
5. jogam
6. estão a jogar

7. estás a fazer/estou a estudar
8. gostam/gostamos
9. estou a ouvir
10. está a tomar.

Unidade 10

10.1.

1. tenho
2. tem
3. temos
4. têm

5. têm
6. tens
7. tem
8. têm

9. tem
10. temos
11. têm
12. têm

10.2.

1. têm
2. temos
3. tem
4. tem

5. tenho
6. tenho
7. têm/têm

8. tens/tenho
9. tem/tem
10. tenho

10.3.

3. Não, não temos, mas ele tem.
4. Tenho. Tenho três filhos.
5. Não, não tenho, mas eles têm.
6. Tem. Tem quatro irmãos.
7. Não, não tenho, mas a Ana tem.

8. Temos. Temos dois carros.
9. Não, não tenho, mas ela tem.
10. Temos. Temos muitos amigos.
11. Não, não tenho, mas o Pedro tem.
12. Não, não temos, mas ele tem.

Unidade 11

11.1.

1. fui
2. teve
3. esteve
4. foi
5. foi
6. tive

7. estive
8. tiveste
9. fomos
10. fui
11. foram
12. tivemos

13. esteve
14. foste
15. teve
16. foram
17. estivemos
18. tiveram

19. estiveste
20. foste
21. fomos
22. tiveram
23. foi
24. estiveram

11.2.

2. Foram, foram.
3. Foi, foi.
4. Foi, foi.
5. Foi, foi.
6. Fui, fui.
8. Fui, fui.
9. Fui, fui.
10. Fomos, fomos.

11. Foi, foi.
12. Fui, fui.
13. Fomos, fomos.
15. Tivemos, tivemos.
16. Tive, tive.
17. Tive, tive.
18. Tive, tive.

20. Esteve, esteve.
21. Estive, estive.
22. Estive, estive.
23. Estive, estive.
24. Estive, estive.
25. Estivemos, estivemos.

11.3.

1. ele foi de carro para o trabalho.
2. fui ao supermercado.
3. fomos ao cinema.
4. tive um teste.
5. esteve doente.

6. estive em casa à noite.
7. foi um bom aluno
8. estiveram
9. foram
10. foram a uma festa.

Unidade 12

12.1.

1. comprou
2. dormiste
3. falámos
4. partiram

5. nasceu
6. paguei
7. fiquei
8. comemos

9. conseguiu
10. perderam
11. comecei
12. abriste

12.2.

2. ouvi
3. comprámos
4. trabalhei

5. dormi
6. paguei
7. perdemos

8. tomei
9. encontrámos
10. li

12.3.

Tomou duche/tomou o pequeno-almoço às 11h00/foi às compras
À tarde leu o jornal/ouviu música
À noite jantou fora/foi ao cinema com os amigos/voltou para casa à meia-noite
dormiu até ao meio-dia/almoçou fora
À tarde arrumou a casa/escreveu aos amigos/telefonou à avó
À noite ficou em casa/foi para a cama cedo

Unidade 13

13.1.

1. pus
2. pôde
3. deu
4. vi

5. fez
6. quiseste
7. vim
8. trouxe

9. souberam
10. vimos
11. trouxeram
12. pôs

13. veio
14. fiz
15. demos
16. pude

13.2.

1. fizeram
2. quis
3. veio/trouxe
4. pôs

5. pude
6. vimos
7. fizeram
8. vieram

9. deu
10. viste
11. souberam
12. viu/vi

13.3.

2. Eles trouxeram presentes para todos.
3. Eu não pude ir ao cinema.
4. Nós vimos um bom filme na TV.
5. Ninguém fez os exercícios.
6. Vocês souberam o que aconteceu?
7. Os meus amigos deram uma festa no sábado.
8. Ela quis ficar em casa.

9. Eles puseram os casacos e saíram.
10. O que é que tu fizeste ontem?
11. Vocês trouxeram os livros?
12. Eu não vi o acidente.
13. O Pedro não pôde ir ao futebol.
14. Quantos erros deu a Ana na composição?
15. Eu vim de carro para a escola.

Unidade 14

14.1.

3. veste-<u>se</u>
4. encontram-<u>se</u>
5. <u>se</u> esqueceu

6. <u>se</u> chama
7. <u>se</u> lembram
8. deitam-<u>se</u>

9. <u>te</u> lavaste
10. <u>me</u> lavei

14.2.

1. me levanto
2. encontramo-nos
3. sentas-te/sento-me
4. chama-se

5. deitamo-nos
6. lembro-me
7. esqueci-me

8. nos lavámos
9. me lembro
10. levantei-me/levantou-se

Unidade 15

15.1.

1. era
2. ficava
3. punha
4. andavas
5. comíamos
6. tinha
7. liam

8. viam
9. iam
10. ouvias
11. faziam
12. vinha
13. estava
14. pedíamos

15. queria
16. levantava-me
17. escrevia
18. ajudavas
19. íamos
20. vinham
21. eras

15.2.

2. Fazia a cama.
3. Arrumava a roupa.
4. Tomava duche.
5. Depois descia até ao 1º andar para tomar o pequeno-almoço.
6. Comia em silêncio.
7. Assistia à missa das 7h00.
8. Começava as aulas às 8h00.
9. À tarde fazia ginástica.
10. Das 17h00 às 18h00 estudava na biblioteca do colégio.
11. Às 19h00 jantava na cantina.
12. Depois do jantar conversava com os amigos e via televisão.
13. Cerca das 21h00 ia dormir.

15.3.

1. eram/viviam
2. levantavam-se
3. saíam/iam
4. tinham

5. voltavam/almoçavam/iam
6. brincavam
7. jantavam/deitavam-se

Unidade 16

16.1.

2. Costumava trabalhar num escritório; agora trabalho num banco.
3. Ao domingo costumavam ficar em casa; agora vão ao cinema.
4. Costumávamos ter férias em Julho; agora temos férias em Agosto.
5. Costumava ser muito gordo; agora é magro.
6. A Ana costumava estudar pouco; agora estuda muito.
7. O sr. Machado costumava chegar atrasado; agora chega a horas.
8. Costumava praticar desporto; agora não faço nada.
9. Aos sábados costumava ir à praça; agora vai ao supermercado.
10. As crianças costumavam brincar em casa; agora brincam no jardim.
11. O João costumava viver com os pais; agora vive sozinho.

16.2.

2. Antigamente não havia aviões.
   As pessoas costumavam viajar de comboio.
3. Antigamente não havia carros.
   As pessoas costumavam andar mais a pé.
4. Antigamente não havia telefones.
   As pessoas costumavam escrever cartas.

5. Antigamente não havia televisão.
   As pessoas costumavam conversar mais.
6. Antigamente não havia cinema.
   As pessoas costumavam ir ao teatro.

16.3.

2. A mãe costumava fazer compras na mercearia local.
3. As crianças costumavam brincar na rua.

4. À tarde costumavam dar passeios de bicicleta.
5. Aos domingos costumavam fazer um piquenique.

Unidade 17

17.1.

1. tinhas/tinha/tinha
2. eram
3. era

4. tinha/tinha/eram
5. eram

17.2.

2. Enquanto os filhos tomavam duche, a mãe arrumava os quartos.
3. Enquanto eu via televisão, ele lia o jornal.
4. Enquanto eles preparavam as bebidas, nós púnhamos a mesa.
5. Enquanto ela estava ao telefone, tomava notas.
6. Enquanto a Ana e o João estudavam, ouviam música.
7. Enquanto a orquestra tocava, o sr. Ramos dormia.
8. Enquanto as crianças brincavam, nós conversávamos.
9. Enquanto o professor ditava, nós escrevíamos os exercícios.
10. Enquanto a empregada limpava a casa, eu tratava das crianças.

Unidade 18

18.1.

2. O João estava a dormir.
   A mãe entrou.
   Ele levantou-se.
3. O sr. Pinto estava a pintar a sala.
   Ele caiu do escadote.
   Ele partiu o braço.

4. Eles estavam a jogar no jardim.
   Começou a chover.
   Eles foram para casa.
5. Eu estava a ouvir música.
   O chefe chegou.
   Eu desliguei o rádio.

18.2.

2. O João estava a tomar duche quando o telefone tocou.
3. Estava a chover quando nós saímos de casa.
4. Os alunos estavam a trabalhar quando o professor entrou.
5. Eu estava a ver televisão quando os meus amigos tocaram à porta.
6. Eles estavam a jogar futebol quando começou a chover.
7. Nós estávamos a trabalhar quando o computador se avariou.

18.3.

3. tinha/comi
4. estava/fui
5. chegou/tomávamos
6. estava/estavam/cheguei
7. foi/estava
8. fizeram/fomos
9. estava a trabalhar (trabalhava)/saí

10. encontrámos/trazia
11. estava a tomar (tomava)/ouvi/levantei-me/olhei/vi
12. era/era/usava
13. era/tinha
14. estava/falámos
15. vinham/viram

Unidade 19

19.1.
2. trazia
3. passava
4. dizia
5. dava

19.2.
2. queria
3. ia
4. conseguíamos
5. preferia
6. chegavas
7. adoravam
8. queria
9. ficava
10. era
11. apetecia
12. gostava

19.3.
2. Ia ao cinema, mas tenho de estudar.
3. Comia o bolo, mas estou a fazer dieta.
4. Eles iam à festa, mas não podem sair.
5. Fazia a viagem, mas não tenho dinheiro.
6. Tomava um café, mas o café faz-me mal.

Unidade 20

20.1.
2. tinha comido.
3. tinham voltado para França.
4. Tinha tido um acidente.
5. Tinha dormido 12 horas.
6. tinha combinado ir ao concerto.
7. tinha aprendido.
8. tínhamos visto o filme.
9. tinha andado de avião.
10. As crianças tinham ido para a cama.

20.2.
2. tinha começado/entrámos
3. levantei/tinha arrumado
4. tínhamos acabado/telefonaste
5. encontrámos/tinha falado

20.3.
3. tinham dormido
4. dormiste
5. tive
6. tinha tido
7. andei
8. tinha andado

Unidade 21

21.1.
2. tem ido/tem estado
3. tenho tido
4. temos ido
5. tem feito/têm saído

21.2.
2. Eu não tenho falado com eles ultimamente.
3. Vocês têm encontrado o João?
4. Ele não tem vindo trabalhar.
5. A tua equipa tem ganho muitos jogos?
6. Nós temos perdido quase todos os jogos.
7. O tempo tem estado óptimo.
8. Eles têm ido à praia todos os dias.
9. Nestes últimos anos eu não tenho tido férias.
10. O meu marido tem trabalhado muito.

21.3.
2. tem descansado/nasceu
3. fui/tenho estado
4. acabaram/têm tido
5. tenho visto/ficou
6. compraram/têm dado
7. começou/tem feito
8. mudei/tenho encontrado
9. temos ido/nos casámos
10. tem vindo/abriu

Unidade 22

22.1.

2. Ela vai fazer os exercícios.
   Ela está a fazer os exercícios.
   Ela acabou de fazer os exercícios.
3. O João vai tomar duche.
   O João está a tomar duche.
   O João acabou de tomar duche.
4. Eu e a Ana vamos pôr a mesa.
   Eu e a Ana estamos a pôr a mesa.
   Eu e a Ana acabámos de pôr a mesa.
5. Eles vão falar com o professor.
   Eles estão a falar com o professor.
   Eles acabaram de falar com o professor.

22.2.

2. O que é que a Ana vai fazer depois das aulas?
   Vai jogar ténis.
3. O que é que tu vais fazer logo à tarde?
   Vou estudar português.
4. O que é que nós vamos fazer amanhã de manhã?
   Vamos fazer compras.
5. O que é que vocês vão fazer no próximo fim-de-semana?
   Vamos passear até Sintra.

22.3.

2. Acabámos de entrar.
3. Acabou de levantar-se.
4. Acabou de vestir-se.
5. Acabaram de chegar.

Unidade 23

23.1.

1. irei
2. terás
3. viajará
4. partirá
5. farei
6. diremos
7. trará
8. serão
9. virão
10. sairei
11. falaremos
12. comeremos
13. ouvirão
14. verás
15. porá
16. poderei

23.2.

2. Ficará lá dois dias.
3. No dia 18 chegará a Paris.
4. Cinco dias depois viajará para Viena.
5. De Viena irá para Roma.
6. No dia seguinte partirá para Atenas.

23.3.

2. será
3. falarei
4. gostarei
5. farei

23.4.

2. começará/visitará
3. estará
4. irá/ficará
5. terá

23.5.

1. será
2. estará
3. será
4. passarão
5. estará

Unidade 24

24.1.

1. daríamos
2. serias
3. faria
4. poderia
5. iria
6. leria
7. trarias
8. estaria
9. veriam
10. diríamos
11. viria
12. falaria
13. teriam
14. poria
15. ouviriam
16. chegaríamos

24.2.

2. Daria...
3. Poderia...
4. ...deveriam...
5. ...gostaria...

6. ...seria...
7. ...estaria...
8. Poderíamos...

9. ...adoraria...
10. ...seria...
11. ...importaria...

24.3.

2. iria
3. pagaria
4. gastaria
5. falaria

6. seria
7. veria
8. leria

9. diria
10. contaria

Unidade 25

25.1.

2. as	12. a	22. a	32. o
3. a	13. o	23. o	33. a
4. os	14. a	24. a	34. o
5. a	15. o	25. o	35. a
6. as	16. a	26. a	36. os
7. a	17. o	27. o	37. a
8. o	18. a	28. a	38. o
9. as	19. o	29. o	39. a
10. a	20. a	30. a	40. o

25.2.

2. uma
3. um
4. uma
5. um

6. uma
7. um
8. uma
9. uma

10. uma
11. um
12. umas

25.3.

2. a
3. uma
4. A
5. o
6. uma

7. o
8. O/a
9. uma/a
10. um
11. umas/uns

12. As
13. um
14. um/uma
15. O/a
16. um

Unidade 26

26.1.

2. isso
3. aquilo
4. isso

5. aquilo
6. isto
7. isto

8. aquilo
9. isto
10. isso

11. isto
12. isso

26.2.

2. aquilo
3. isto
4. aquilo

5. isso
6. aquilo
7. isto

8. aquilo
9. isso

10. isto
11. isso

26.3.

2. Aquilo é a escola de português.
3. Isso é o quadro da sala.
4. Isto é uma borracha.
5. Isso são canetas.

7. Isto é uma janela.
8. Isso é um dicionário.
9. Aquilo é a pasta do professor.
10. Isto é uma caneta.

Unidade 27

27.1.
2. este
3. este
4. esta

5. estas
6. estes
7. esta

8. este
9. estes
10. esta

11. este
12. estas

27.2.
2. essas
3. esse
4. esses

5. esse
6. essas
7. essa

8. essas
9. esse
10. essas

11. essa
12. esse

27.3.
2. aquela
3. aquele
4. aqueles

5. aquelas
6. aquele
7. aquela

8. aqueles
9. aquele
10. aquele

11. aquelas
12. aquela

27.4.
2. Aquelas flores são artificiais.
3. Este presente é para o professor.

4. Esses óculos são da Ana.
5. Aquele supermercado é novo.

27.5.
2. Esse/este
3. Esses/estes
4. Essa/esta

5. Esse/este
6. Essa/esta
7. Esse/este

8. Essas/estas
9. Esse/este
10. Essa/esta

Unidade 28

28.1.
3. É vosso.
4. São minhas.
5. É teu.
6. São deles.

7. São nossas.
8. É dela.
9. São vossas.

10. É dele.
11. É seu.
12. São nossos.

28.2.
2. dele
3. dela
4. deles

5. dele
6. delas

28.3.
3. o seu carro
4. a minha escola
5. o nosso quarto
6. a mala dela
7. os vossos amigos

8. os namorados delas
9. as suas canetas
10. o escritório dele
11. os vossos livros
12. os nossos avós

13. a tua casa
14. os filhos deles
15. o vosso dicionário
16. a nossa filha

Unidade 29

29.1.
2. no mês seguinte ia mudar para um apartamento novo.
3. se ia casar na semana seguinte.
4. não tinha tempo para preparar nada.
5. tinha tirado uns dias de férias para tratar de tudo o que era necessário.
6. eu queria ir jantar a casa dela.
7. o futuro marido dela também iria ao jantar.
8. ele trabalha (trabalhava) com computadores.
9. já tinham feito os planos para a lua-de-mel.
10. iam fazer um cruzeiro pelo Mediterrâneo.
11. partiriam logo a seguir ao casamento.
12. eu estava convidada para a festa.

29.2.

2. tinhas dito que ias ao cinema.
3. Pensei que tinhas dito que o filme não tinha sido bom.
4. Julguei que tinhas dito que a Ana não gostava do João.
5. Pensei que tinhas dito que eles não se iam casar.
6. Julguei que tinhas dito que tomavas (sempre) café.
7. Pensei que tinhas dito que querias falar com eles.
8. Julguei que tinhas dito que podias ir à festa.
9. Pensei que tinhas dito que hoje à noite não ficavas em casa.
10. Julguei que tinhas dito que não tinhas chumbado no exame.
11. Pensei que tinhas dito que o empregado não era simpático.
12. Julguei que tinhas dito que não tinhas pago o almoço.
13. Pensei que tinhas dito que não tinhas gasto o dinheiro todo.

Unidade 30

30.1.

2. pensarmos
3. chegarem
4. partirem
5. estarem
6. aceitarem

7. encontrarmos
8. tomarem
9. chegar
10. irem
11. saberem

12. voltar
13. comeres
14. provares
15. receber

30.2.

2. No caso de não poder ir, telefono-lhe.
3. Apesar de não me sentir bem, vou trabalhar.
4. Depois de ires às compras, vens logo para casa.
5. Antes de comerem o bolo, têm de lavar as mãos.
6. Depois de acabares o trabalho, fechas a luz.

7. Apesar de ter um bom emprego, não está satisfeito.
8. Antes de verem o filme, deviam ler o livro.
9. No caso de não termos aulas, vamos ao museu.
10. Depois de eles sairem, arrumo a casa.

30.3.

2. até (sem)/chegar
3. para/irmos
4. por estar

5. sem/verem
6. ao abrirem

Unidade 31

31.1.

4. Lê
5. Leia
6. Leiam
7. Põe
8. Ponha
9. Ponham
10. Faz

11. Faça
12. Façam
13. Traz
14. Traga
15. Tragam
16. Despe
17. Dispa

18. Dispam
19. Vai
20. Vá
21. Vão
22. Vem
23. Venha
24. Venham

31.2.

2. fales
3. comas
4. tires
5. sujes

6. partas
7. escrevas
8. digas

9. faças
10. entornes
11. dês

31.3.

2. Vire à esquerda.
3. Come uma sandes.
4. Põe a mesa.

5. Vista o casaco.
6. Bebam um sumo.

7. Vê as palavras no dicionário.
8. Leia as instruções.

Unidade 32

32.1.
2. mais antiga do que o museu
3. mais caras do que as minhas
4. mais frio do que ontem

5. mais novo do que o irmão
6. maior do que este
7. mais rápido do que o autocarro

8. mais baratos do que aqueles
9. mais baixa do que a Joana
10. mais cedo do que tu

32.2.
2. maiores
3. mais fácil
4. melhor

5. mais perto
6. pior
7. mais comprida

8. mais leve
9. mais magra
10. mais alto

32.3.
2. maior
3. melhor
4. mais cedo

5. pior
6. mais simpático

32.4.
2. não é tão grande como Espanha
3. não joga tão bem como ele
4. não está tão quente como o leite

5. não come tão depressa como ele
6. não é tão alto como a Ana

Unidade 33

33.1.
2. cedíssimo
3. gordíssimo
4. fortíssima
5. atrasadíssimos

6. pesadíssima
7. duríssimo
8. quentíssima
9. dificílimo

10. óptimo
11. gravíssimo
12. caríssimos

33.2.
2. as melhores
3. a mais antiga
4. a maior

5. o pior
6. a mais bonita
7. o mais alto

8. as mais doces
9. o mais interessante
10. o mais popular

33.3.
3. o homem mais rico
4. o dia mais feliz
5. a rapariga mais bonita

6. o maior rio
7. os melhores alunos
8. o político mais popular

9. o pior discurso
10. a actriz mais famosa

Unidade 34

34.1.
3. tão
4. Tantos
5. tanta
6. tão

7. tão
8. tantas
9. tão

10. tanto
11. tão
12. tanto

34.2.
2. tão mau
3. empregado tão antipático
4. Que bolo tão bom
5. Que jantar tão caro

6. Que festa tão divertida
7. Que amigos tão simpáticos
8. Que sofá tão confortável

34.3.
2. tanto
3. tão
4. tão/tanta

5. tanta
6. tantas

34.4.
2. Estou com tantas dores que vou tomar um comprimido.
3. O professor fala tão depressa que não compreendo nada.
4. O dia ontem esteve tão quente que fomos até à praia.
5. A Ana estudou tanto que ficou com dores de cabeça.
6. Fizeste tanto barulho que acordaste o bebé.
7. Ele comeu tanto que não consegue levantar-se.
8. Ela sentiu-se tão mal que o marido chamou o médico.

Unidade 35

35.1.

mim	si	vocês
ti	nós	eles

35.2.

comigo	consigo	connosco
contigo	com a Ana	com eles

35.3.
2. consigo/com ele   5. comigo   8. com ele
3. com eles/comigo   6. com vocês/connosco/contigo   9. consigo/comigo
4. convosco   7. contigo   10. convosco

35.4.
2. ti   5. si   8. mim
3. si/mim   6. mim (nós)   9. ela
4. mim   7. ti   10. ti

Unidade 36

36.1.
2. te   6. vos
3. a   7. os
4. o   8. as
5. nos

36.2.
2. Tem-la visto?   9. Façam-nas bem.   16. Gostei de ouvi-lo.
3. Não o comam todo.   10. Põe-nos na pasta.   17. Aqueçam-no.
4. Podes guardá-la. Já a li.   11. Também os convidámos.   18. Tenho de lê-los.
5. Puseram-nos e saíram.   12. Levem-nos no carro.   19. Tem-nas consigo?
6. Vê-lo connosco?   13. Encontraste-o?   20. Dão-na à Ana?
7. Fechem-na à chave.   14. Deixei-os na escola.
8. Ajuda-me a levantá-lo.   15. Fá-los em casa.

36.3.
2. nos   5. me   8. as
3. te   6. o   9. vos
4. vos   7. a   10. os

Unidade 37

37.1.
2. te   5. lhe   8. lhes
3. lhe   6. nos   9. lhes
4. lhe   7. vos   10. lhes

37.2.
2. mos   5. mas   7. lho
3. lhos   6. lha   8. ma
4. lhas

37.3.

2. Vou mostrá-lo a ti
   Vou mostrar-te o quarto
   Vou mostrar-to
3. Ele ofereceu-os a mim
   Ele ofereceu-me os bilhetes
   Ele ofereceu-mos
4. Já as dei ao sr. Oliveira
   Já lhe dei as informações
   Já lhas dei
5. Eles contaram-na ao João
   Eles contaram-lhe a história
   Eles contaram-lha

6. Mandei-a à D. Maria
   Mandei-lhe a encomenda
   Mandei-lha
7. Demo-la ao professor
   Demos-lhe a prenda
   Demos-lha
8. Entregaste-os ao aluno
   Entregaste-lhe os livros
   Entregaste-lhos
9. Já a pagaste ao senhorio
   Já lhe pagaste a renda
   Já lha pagaste

10. Mostrámo-lo à Ana
    Mostrámos-lhe o apartamento
    Mostrámos-lho
11. Emprestei-o ao teu irmão
    Emprestei-lhe o dicionário
    Emprestei-lho
12. Só a contei a ti
    Só te contei a conversa
    Só ta contei

Unidade 38

38.1.

2. vai ser inaugurada pelo Presidente.
3. O almoço é oferecido pela Companhia.
4. O jogo será transmitido para toda a Europa pelo canal 6.
5. Os quartos já tinham sido limpos pela empregada.
6. Muitos turistas são atraídos pelo clima da região.
7. As crianças foram acordadas pelo barulho.
8. Muitos jovens têm sido contratados por essa empresa.
9. O 1° prémio foi ganho pela nossa equipa.
10. Os desenhos foram feitos pelas crianças da primária.

38.2.

2. foi visto perto da fronteira.
3. O banco foi assaltado na noite passada.
4. Os impostos foram aumentados.
5. Mais escolas vão ser construídas.
6. O hotel vai ser aberto no próximo Verão.

38.3.

2. Foi destruída
3. Foi rebocado
4. Foi assaltado
5. Foram roubados
6. Foi atacada

38.4.

2. foi ganho pela Ana.
3. Os documentos foram encontrados pelo Pedro.
4. A viagem foi oferecida pela agência.
5. As flores foram encomendadas por nós.
6. Os exercícios foram feitos por ele.
7. O artigo foi escrito por eles.
8. O vidro foi partido por ti.

Unidade 39

39.1.

2. está fechada
3. os sapatos estão limpos
4. os alunos estão informados
5. o quarto está arrumado
6. o contrato está assinado
7. a encomenda está entregue
8. a resposta está dada
9. o carro está arranjado
10. as contas estão feitas

39.2.

2. estão feitas
3. As luzes estão acesas
4. Os testes estão corrigidos
5. A mesa está posta
6. A porta está aberta
7. As pessoas estão informadas
8. O vestido está roto
9. Os documentos estão entregues
10. O cabelo está seco

39.3.

3. Já está arranjada
4. Os dentes estão arranjados
5. os exercícios estarem feitos
6. o chefe da quadrilha estava morto
7. A mesa já está posta
8. todas as pessoas já estavam salvas

Unidade 40

40.1.
2. Precisa-se de motorista.
3. Vendem-se apartamentos.
4. Compram-se roupas usadas.
5. Fala-se francês.
6. Dão-se explicações.
7. Aluga-se sala para congressos.
8. Servem-se pequenos-almoços.
9. Admitem-se cozinheiras.
10. Aceitam-se cheques.

40.2.
2. bebe-se muito vinho.
3. come-se bacalhau à consoada.
4. trabalha-se menos.
5. festejam-se os Santos Populares.
6. apanha-se o barco.

40.3.
2. Alugaram-se duas camionetas para o passeio.
3. Antigamente compravam-se mais livros.
4. Ultimamente têm-se construído muitas escolas.
5. Já se marcou a viagem.
6. Fizeram-se obras no museu.

40.4.
2. Cozem-se as batatas e depois descascam-se
3. Batem-se os ovos com o açúcar
4. Pica-se a carne e depois mistura-se com o molho
5. Arranja-se o peixe e passa-se por farinha
6. Corta-se o queijo e põe-se no pão

Unidade 41

41.1.
1. a
2. ao
3. para
4. à
5. para
6. ao
7. para
8. a/para
9. ao
10. para

41.2.
1. para/pela
2. pela
3. pela
4. pelo
5. para/para
6. para/por/pelo
7. para/pela
8. pelo
9. para/pelo
10. para

41.3.
1. de/de
2. na
3. de
4. no/de
5. do
6. do/no
7. no
8. do/no
9. da
10. do

41.4.
2. O João vai para a escola a pé.
3. Nós vamos no carro dele.
4. Eles voltam para Madrid no comboio das 20h30.
5. Eu saio de casa às 8h00.
6. Eles vão à (para a) praia de camioneta.

Unidade 42

42.1.
1. em frente do
2. à frente do
3. dentro da/na
4. debaixo do
5. entre
6. na
7. à
8. ao lado do

42.2.
1. na
2. em frente do
3. no
4. debaixo da
5. no/ao lado do
6. em cima da
7. na
8. à
9. na
10. na
11. no
12. entre
13. ao pé da
14. à
15. atrás da
16. em cima da

42.3.
1. à
2. entre
3. à
4. à/à frente do

5. entre
6. à/à frente do
7. atrás do

8. ao lado da
9. atrás da
10. ao lado da

Unidade 43

43.1.
1. a/de
2. às/da
3. na
4. no
5. na
6. nas/de
7. à

8. ao
9. em/de
10. no/do
11. à/da
12. no/de
13. na
14. em

15. de
16. às/da
17. à
18. na
19. em
20. às/da
21. às

43.2.
1. por
2. para
3. para
4. para

5. por
6. para
7. pelas

8. por
9. Para
10. por

43.3.
1. Ao
2. No
3. À/à

4. Na
5. às
6. Na

7. aos
8. No

43.4.
1. às/da/à
2. aos
3. em
4. à/às

5. aos/de
6. a/de/no/de
7. No/de

8. no/em
9. de/a
10. no

Unidade 44

44.1.
1. Quem
2. A que horas
3. De que cor
4. O que

5. Qual
6. Quanto tempo
7. Quantos

8. Quantas
9. Como
10. Onde

44.2.
2. Quanto tempo/Quantas horas demoraram
3. A que horas chegaram
4. Para onde foram
5. O que é que fizeram
6. Onde é que jantaram

7. O que é que comeram
8. Como é que voltaram para o hotel
9. Como estava a noite
10. Porque é que se deitaram cedo

44.3.
1. Onde
2. Para onde
3. Por onde
4. De onde (Donde)

1. Quem
2. A quem
3. Para quem
4. De quem

1. O que
2. Que
3. A que
4. Em que

1. Quanto
2. Quantos
3. Quantas
4. Quanto

Unidade 45

45.1.

2. alguém/ninguém
3. todo/tudo/nada
4. alguma/nada
5. todos/tudo
6. algum/nenhum

45.2.

1. nada
2. tudo
3. todos
4. todo
5. todo
6. muitas
7. Todos
8. pouco
9. Alguém
10. todo/toda/nada
11. nada
12. outra
13. Ninguém
14. Toda
15. Alguns/ninguém

45.3.

4. Não há nenhuma sala livre
5. Não está ninguém no escritório
6. Ela não arrumou nada
7. Não lhe deram nenhumas informações
8. Ele bebe pouco leite
9. Não há nenhum feriado este mês
10. As crianças não desarrumaram nada
11. Amanhã não tenho nenhum tempo livre
12. Pouca gente os conhece
13. Não visitámos nenhuns locais de interesse
14. Hoje tive pouco trabalho
15. Ninguém telefonou enquanto estive fora
16. O João acha que não sabe nada

Unidade 46

46.1.

2. que
3. quem
4. que
5. onde
6. que
7. que
8. que
9. quem
10. onde

46.2.

2. ....com o qual....
3. ....para a qual....
4. ....no qual....
5. ....dos quais....
6. ....ao qual....

46.3.

2. ...., cujas paredes são cor-de-rosa, ...
3. ...., cujos resultados foram os melhores, ...
4. ...., cuja camisola é às riscas, ...
5. ...., cuja capa é encarnada, ...
6. ...., cujo casaco é preto, ...

46.4.

2. Lisboa, cujo padroeiro é o Santo António, é uma cidade em festa na noite de 12 para 13 de Junho.
3. O empregado com quem falámos era muito simpático.
4. Passei no exame para o qual estudei muito.
5. Qual é o nome do hotel onde nós ficámos?
6. A senhora, a quem aluguei a casa, ainda está no estrangeiro.
7. A história que eles contaram era mentira.
8. Isso é uma afirmação, com a qual (eu) não concordo.
9. Viste o dinheiro que estava em cima da mesa?
10. O médico que me atendeu era muito competente.

Unidade 47

47.1.

2. sei
3. pode
4. Posso
5. consigo
6. Sabes/Sei
7. consegui (conseguiu)
8. Conheces/conheço
9. pôde
10. consigo
11. sei/consigo
12. Conhece(s)
13. pode
14. conseguimos
15. Conheço

47.2.
    3. Precisam de ser arranjados.
    4. Preciso de ir às compras.
    5. Precisa de cortar o cabelo.

47.3.

A	B
2. Deve ser da Mary	2. deviam
3. Devem estar de férias	3. devias
4. Deves estar com gripe	4. Devíamos
5. Devo ir ver amanhã	5. Devias
6. Ele deve chegar atrasado	6. devias

47.4. *
    2. Tenho de sair já   5. tens de
    3. tiveram de   6. Tenho de
    4. Têm de

* Qualquer destas respostas pode ter como alternativa **ter que** na forma correcta

Unidade 48

48.1.
    2. misturando bem   5. sorrindo
    3. cantando e rindo   6. Dormindo pouco, ...
    4. fazendo comida para fora

48.2.
    2. Esfregando   5. Copiando   8. Pedindo
    3. Indo   6. Caindo   9. Comprando
    4. Carregando   7. Falando   10. Trabalhando

48.3.

A	B	C
2. vão escrevendo...	2. vai arrumando...	2. vou fazendo...
3. vão fazendo...	3. vai limpando...	3. vou traduzindo...
4. vão ouvindo...	4. vai estendendo...	4. vou arquivando...
5. vão estudando...	5. vai preparando...	5. vou tirando...
6. vão preparando...	6. vai pondo...	6. vou preenchendo...

Unidade 49

49.1.
    1. há   5. desde   8. há
    2. há   6. há   9. desde
    3. desde   7. há   10. desde
    4. há

49.2.
    2. no Porto desde Janeiro   4. desde as 7h00
       No Porto há 8 meses   há 5 horas
    3. desde segunda-feira   5. desde o dia 1
       há 5 dias   há 15 dias

49.3.
    1. desde/há
    2. há/desde
    3. há/desde
    4. há/desde
    5. desde/há

49.4.
    1. Não leio o jornal desde ontem
    2. Chegámos há cinco minutos
    3. Estudo português desde 1992
    4. Vivo aqui desde Dezembro
    5. A estreia foi há quinze dias
    6. Estou à espera há duas horas
    7. Estou há espera desde as duas horas (14 : 00)
    8. Não ando de avião desde os cinco anos
    9. Não ando de avião há cinco anos

Unidade 50

50.1.
    2. .... há ....
    3. Tem havido ....
    4. .... houve ....
    5. .... havia ....
    6. .... há ....
    7. .... houve ....

    8. .... houve ....
    9. Há ....
    10. Há ....
    11. .... há ....
    12. .... haverá ....
    13. .... haveria ....

50.2.
    Ana: ... hei-de conhecer...
    Rita: ... hás-de aprender...
    Ana: ... havemos de tirar...
    Rita: ... hão-de esquecer.../Hão-de divertir-se.../hão-de contar...
    Ana: ... hás-de ir...

50.3.
    2. .... hás-de fazer ..../.... há-de correr ....
    3. .... hão-de encontrar ....
    4. .... havemos de visitar ....
    5. .... há-de haver ....
    6. .... hei-de ir.